不祥事発生！

中小企業向け

社内調査の進め方

～多様化する不祥事対応の羅針盤～

弁護士 瓦林 道広 著

労働新聞社

はじめに

　昨今、企業をめぐる不祥事は後を絶たず、メディアでも連日のように企業不祥事に関する報道がなされています。情報化が進展した現代社会においては、当該企業で不祥事が発生した事実や、当該不祥事に対する企業の対応についての情報が瞬く間に世間に拡散してしまうリスクがあり、企業の総務・人事担当者は、従来にも増して適切な不祥事対応を実施することが求められているといえるでしょう。

　しかし、実際に不祥事が発覚したときに、どのように段取りを組み、どのようなことに留意しながら調査を進めればいいのか、また、どのようなタイミングでどのような内容について専門家に相談すればいいかが分からないといった企業の担当者の声を多く耳にします。

　そこで、本書においては、中小企業を念頭に置き、従業員が不祥事を引き起こした際の調査の進め方をテーマに執筆しました。中小企業においては、大企業とは異なり、不祥事調査を組織的に行う部署はないことが多いと思いますので、中小企業の総務・人事担当者が調査を実施する際に本書が指針となるよう、調査チーム設置のタイミングやメンバー選定、ヒアリングの準備やヒアリングの際の留意点等のポイントを押さえながら、調査の流れを丁寧に記載しています。

　筆者は、中小企業における不祥事調査の取り扱い実績が多数あり、調査の助言を行う過程で企業の担当者がどのようなことに頭を悩ませているのかを知り、また、自らが調査チームの一員として調査を遂行する際には、どのようなことに留意すれば調査が適切に進むのかということを熟慮して、これを実践してきましたので、本書では、一般的な不祥事調査の留意点だけでなく、筆者のこれまでの実務経験から抽出した調査のノウハウを盛り込んでおります。

　本書が、不祥事調査に直面している企業の総務・人事担当者やこれに助言する立場にある弁護士、社会保険労務士等の実務家の方々にお役に立てば幸いです。

　最後に、本書の企画段階から完成まで株式会社労働新聞社の伊藤正和氏にご尽力いただきました。この場を借りてお礼を申し上げます。

2021 年 5 月

野中・瓦林法律事務所

弁護士　瓦 林 道 広

目　次

第 1 章　不祥事総論 ～なぜ不祥事対応が必要か～

第2章　不祥事の調査方法

第 1 章

不祥事総論

～なぜ不祥事対応が必要か～

第1 不祥事の構造と企業が取るべき体制

1 不祥事は発生するもの

いかなる企業でも従業員の不祥事には直面したくないと思いますが、企業がどれだけ万全の対策を講じたとしても、不祥事の発生を完全に防止することはできません。

なぜ、不祥事は発生するのか…。

企業組織を構成するものとして、一般に「ヒト」と「モノ」と「カネ」の３つが挙げられます。「モノ」と「カネ」に関しては、それそのものに意思はありませんので、システマチックに管理してしまえば、人為的なミスがない限り、基本的にはきっちりとした制御が可能になります。

一方、「ヒト」は「モノ」や「カネ」と異なり、意思を持っているので、企業が完全に「ヒト」を制御することは不可能です。企業がいかにしっかりと「モノ」「カネ」を管理するシステムを築いていても、不正を働いて自分の利益を図ろうとする人はシステムの穴を探して突いてきますので、どうしても企業による制御が難しい場面が出てきてしまいます。

図表１　企業組織を構成するもの

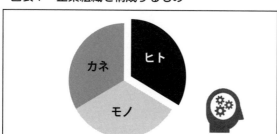

　また、従業員が意図的に不正を働く場合だけでなく、例えば、従業員が商品の金額のデータ入力を誤ってしまって企業に損害を与えてしまう等、過失による不祥事も発生しうるのです。

　今の例は、「ヒト」が「カネ」に関して起こした不祥事ですが、商品の横流しであれば「ヒト」が「モノ」に関して起こした不祥事、ハラスメントであれば「ヒト」が「ヒト」に関して起こした不祥事ということになります。

　このように、故意による場合、過失による場合とありますが、企業が多数の「ヒト」を抱えて事業運営している以上、不祥事は常に起こる可能性があるのです。

2　不祥事発生を前提とした体制整備

　前述のように、不祥事が発生する可能性は常にありますので、企業は、そのことを前提に対策を考えなければならず、不祥事予防・不祥事対応のためには以下の3つの体制を備えておくべきです。

図表2

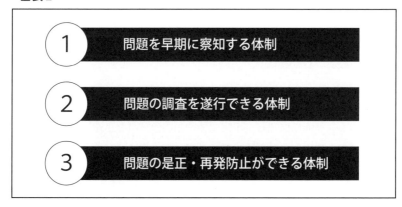

企業が備えておくべき体制の１つ目は、問題を早期に察知する体制です。

　当然のことではありますが、不祥事の芽に気付くのが早ければ早いほど、その芽が小さいうちに問題を処理することができますので、大事に至らずに済みます。

　難しいのは、どのような体制を取っていれば問題を察知できるのかということなのですが、この点については後に詳しく述べます。

　企業が備えておくべき体制の２つ目は、問題の調査を遂行できる体制です。

　問題を察知したら、その次に事実関係や原因を特定するための調査を実施する必要がありますが、調査のやり方が分からないと時間ばかりが経過してしまい、結局、事実関係が解明できなかったり、原因が解明できなかったりして、きちんとした問題の解決ができなくなってしまいます。

　そのため、企業は問題を察知したときに速やかに的確な調査を遂行できるようにしておく必要があるのです。

　３つ目は、問題の是正・再発防止ができる体制です。

　調査を遂行して事実関係や原因を解明できたとしても、不祥事が起こってしまった体制を変えられなければ、必ずまた同様の問題が発生します。

　そのため、企業は不祥事によって歪められた状態を是正し、以後、同様のことが起こらないようにするための再発防止策の構築ができる体制を備えておく必要があるのです。

　以上の３つの体制が整備されていれば、不祥事が起こったとしても、問題が大きくなる前に察知し、事実関係や原因の解明を迅速に行うことができ、同様の不祥事の再発が防止できますので、後に述べるような大きな企業リスクを抱え込むことなく、自浄作用を発揮した健全な企業になれるのです。

3　上場会社におけるプリンシプル

　近年、不祥事がまれな事態ではなくなり、情報化社会の進展に伴って不祥事情報が広範に報道されていること等を受けて、日本取引所自主規制法人[1]（以下、「自主規制法人」といいます。）は、2016年に「上場会社における不祥事対応のプリンシプル[2]」を、2018年に「上場会社における不祥事予防のプリンシプル」を策定しました。

　これらは企業に対して拘束力を有するものではないことが明記されており、上場会社が自己規律を発揮するための目安として活用されることが期待されているのですが、自主規制法人が上場審査等について広範な権限を有していることを考えると、上場会社はこれらのプリンシプルをよく踏まえて不祥事対応、不祥事予防を実施する必要があるといえます。

　一方、中小企業は、大企業と比較して不祥事対応、不祥事予防に割ける資金力や組織体制等に限界がありますので、これらのプリンシプルが求めている措置を完全に実施することは難しいでしょう。しかし、企業の成長を考えたときに、上場会社に何が求められているのかを知ることは非常に重要です。

　そこで、これら2つのプリンシプルの概要をご説明します。

(1)　不祥事対応のプリンシプル

　不祥事対応プリンシプル（以下、「対応プリンシプル」といいます。）の前文においては、企業が不祥事またはその疑いを察知した場合には、調査を行い、事実関係や原因を解明して再発防止を図ることを通じて、自浄作用を発揮する必要があることが記載されており、そのことによって、「ステークホルダー[3]からの信頼回復」と「確かな企業価値の再生」を図るべ

---

1) 東京証券取引所及び大阪証券取引所の上場審査、売買審査、考査等の業務を一手に担っている、金融商品取引法に基づく自主規制機関です（引用：「上場会社における不祥事予防のプリンシプル」の策定について）。
2) プリンシプルとは、一般に「原理、原則」「主義」のことを指します。
3) 株主、顧客、取引先、従業員、地域社会等、企業の利害と行動に直接・間接に利害関係を有するもののことを指します。

きこととされています。

　そのための具体的なプリンシプルの概要は以下のとおりです。

図表3　上場会社における不祥事対応のプリンシプル
～確かな企業価値の再生のために～

4つの原則	① 不祥事の根本的な原因の解明
	② 第三者委員会を設置する場合における 独立性・中立性・専門性の確保
	③ 実効性の高い再発防止策の策定と迅速な実行
	④ 迅速かつ的確な情報開示

　ここでは、上記2で述べた企業が備えるべき3つの体制のうち、問題の調査の遂行と再発防止について記載されています。

　調査を遂行するにあたっては、「表面的な現象や因果関係の列挙にとどまることなく、その背景等を明らかに」することが求められており、例えば、企業の風土に問題があるような事案の場合には、経営陣の在り方に疑問を投げかけることもいとわない「根本的な原因の解明」が必要とされます。

　対応プリンシプルにおいては、第三者委員会[4]の設置に際しての留意点が記載されていますが、上記のとおり、経営陣の在り方に疑問を投げかけることが必要な背景事情を調査しようとすれば、社内の人員だけによる調査では限界がありますので、上場企業においては不祥事の調査の際、事案の性質や規模にもよりますが、第三者委員会の設置が推奨されているといっていいでしょう。

　もっとも、第三者委員会は外部の専門家に報酬を支払う必要があり、そのコストは中小企業が負担するには高すぎるというケースも多いと思います。どのような場合に第三者委員会を設置すべきかについては後に述べますが、中小企業でよく起こる金銭の着服やハラスメント等の不祥事調査に

4）当該企業と利害関係のない専門家による外部調査委員会のことです。

ついては、コスト面を考えても社内調査で解決することが多いと思います。

(2)　不祥事予防のプリンシプル

　上記(1)では不祥事「対応」のプリンシプルが示されていましたが、企業不祥事が後を絶たないことから不祥事の発生そのものを予防する必要性が高まっているということで、自主規制法人は2018年に不祥事予防のプリンシプル（以下、「予防プリンシプル」といいます。）を策定しました。

　ここでは予防プリンシプルにおける各原則の概要と体系図をお示しするにとどめ、この後の本文の中で、適宜、プリンシプルの内容を引用することにします。

図表4　上場会社における不祥事予防のプリンシプル　6つの原則
　　　～企業価値の毀損を防ぐために～

[原則①] 実を伴った実態把握	自社のコンプライアンスの状況を制度・実態の両面にわたり正確に把握する。明文の法令・ルールの遵守にとどまらず、取引先・顧客・従業員などステークホルダーへの誠実な対応や、広く社会規範を踏まえた業務運営の在り方にも着眼する。その際、社内慣習や業界慣行を無反省に所与のものとせず、また規範に対する社会的意識の変化にも鋭敏な感覚を持つ。 これらの実態把握の仕組みを持続的かつ自律的に機能させる。
[原則②] 使命感に裏付けられた職責の全う	経営陣は、コンプライアンスにコミットし、その旨を継続的に発信し、コンプライアンス違反を誘発させないよう事業実態に即した経営目標の設定や業務遂行を行う。 監査機関及び監督機関は、自身が担う牽制機能の重要性を常に意識し、必要十分な情報収集と客観的な分析・評価に基づき、積極的に行動する。これらが着実に実現するよう、適切な組織設計とリソース配分に配意する。
[原則③] 双方向のコミュニケーション	現場と経営陣の間の双方向のコミュニケーションを充実させ、現場と経営陣がコンプライアンス意識を共有する。このためには、現場の声を束ねて経営陣に伝える等の役割を担う中間管理層の意識と行動が極めて重要である。 こうしたコミュニケーションの充実がコンプライアンスの早期発見に資する。
[原則④] 不正の芽の察知と機敏な対処	コンプライアンス違反を早期に把握し、迅速に対処することで、それが重大な不祥事に発展することを未然に防止する。 早期発見と迅速な対処、それに続く業務改善まで、一連のサイクルを企業文化として定着させる。

[原則⑤] グループ全体を貫 く経営管理	グループ全体に行きわたる実効的な経営管理を行う。管理体制の構築に当たっては、自社グループの構造や特性に即して、各グループ会社の経営上の重要性や抱えるリスクの高低等を踏まえることが重要である。 特に海外子会社や買収子会社にはその特性に応じた実効性ある経営管理が求められる。
[原則⑥] サプライチェーン を展望した責任感	業務委託先や仕入先・販売先などで問題が発生した場合においても、サプライチェーンにおける当事者としての役割を意識し、それに見合った責務を果たすよう努める。

図表5　各原則の体系図（イメージ）

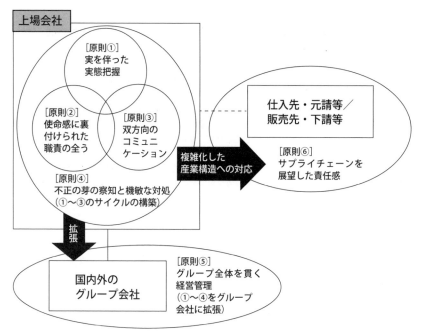

（引用元）佐藤竜明「『上場会社における不祥事予防のプリンシプル』の解説［上］」旬刊商事法務 2165 号 16 頁

第2　不祥事が発生した場合の企業リスク

1　損害賠償等の法的責任

不祥事が発生した場合の企業のリスクを考えてみましょう。

図表6　不祥事が発生した場合の企業リスク

```
┌─────────────────────────────────────────────┐
│  法的責任                                      │
│ ┌─────────────────────────────────────────┐ │
│ │ 損害賠償請求等の民事責任                    │ │
│ │ 企業犯罪等の刑事責任                        │ │
│ │ 法令違反を理由とする行政指導・行政処分等     │ │
│ └─────────────────────────────────────────┘ │
│                                               │
│  信用低下                                      │
│ ┌─────────────────────────────────────────┐ │
│ │ 不祥事情報の拡散による企業の信用低下         │ │
│ │ （レピュテーションリスク）                   │ │
│ └─────────────────────────────────────────┘ │
│                                               │
│  内部秩序の崩壊                                │
│ ┌─────────────────────────────────────────┐ │
│ │ 不正・ルール不遵守の連鎖による企業の内部秩序の崩壊 │ │
│ │ （モラル・ハザード）                         │ │
│ └─────────────────────────────────────────┘ │
└─────────────────────────────────────────────┘
```

1つ目は企業の法的責任です。

例えば、従業員の不祥事で取引先に損害を負わせてしまった場合、取引先から自社に対して損害賠償等の民事上の責任を追及されることが考えられます。

また、ケースによっては企業犯罪などの刑事責任にまで発展することもあります。日本の場合、企業そのものに刑罰を科す法律の数はそれほど多くありませんが、例えば脱税や粉飾決算、偽装表示等では、企業に刑事罰が科されますし、組織的な不祥事を行ってしまった場合、企業自体に詐欺

罪は成立しなくても、企業の幹部個々人に詐欺罪が成立するようなことも考えられます。

　そして、仮にこのような情報が拡散してしまうと、後述する企業の信用低下に繋がることは明らかでしょう。

　企業が負うことになる法的責任には、民事上、刑事上の責任のほか、法令違反に対する行政指導、行政処分等の行政上の責任もあります。法令等に定めがある場合は、不祥事によって企業名が公表されることもありますし、許認可が必要な事業（建設業や運輸業など）の場合は、その取消等の処分が行われることがあります。

2　深刻な打撃となる信用低下

　以上の各種法的責任が企業にとって重大な打撃であることは間違いありませんが、企業にとって法的責任に匹敵するくらい深刻な打撃となりうるのが信用低下の問題です。この企業の対外的な信用低下のことを「レピュテーションリスク」と呼ぶこともあります。

　近年の急速な情報化の発達によって、いわゆる SNS やブログ、ウェブ上の掲示板等、インターネットを利用した通信手段が広く普及しており、誰でも簡単に広範囲に情報を発信することができるようになっています。

　そのため、不祥事が企業内部で発覚したにすぎない場合でも、従業員がこれを SNS 等に投稿してしまえば、不祥事の情報は瞬く間に社外の不特定多数の人が知る事態になってしまいます。そして、一旦、外部に情報が出てしまうと、その不祥事情報が拡散するのを止めることはほとんど不可能ですので、場合によっては、当該企業の社会的な信用が著しく傷つけられてしまうことになりかねません。

　そうなってしまうと、従業員の士気が下がってしまったり、新しくいい人材を雇い入れたりすることにも支障が生じることがありますし、取引先が当該企業と契約関係を継続することに及び腰になってしまうようなこと

もありえます。

　このように、誰もが簡単に広範囲に情報発信できるようになった結果、従業員の不祥事によって企業の社会的信用が低下するリスクは非常に大きなものになっているといえるでしょう。

3　企業の内部秩序の崩壊

　不祥事が発生した場合のリスクをさらに挙げるとすれば、企業の内部秩序の崩壊がありえます。いわゆるモラルハザードです。

　ルールを無視し、不正を行った従業員がうまく利益を得ると、その従業員は必ずといっていいほど、再度不正を行って利益を得ようとします。また、そのような従業員は、時として不正を行う仲間を作ろうとします。企業がそのような従業員の存在に気付かずに時間が経過すると、ルールやモラルを軽視したり無視したりすることが社内で連鎖していき、企業の内部秩序が崩壊してしまって正常な企業運営ができなくなってしまうことにもなりかねません。

　この内部秩序が崩壊した状態というのは、従業員個々人におけるルール順守の意識が極めて低い状態となっていることを意味しますので、よほどドラスティックな措置を取らなければ企業が正常な秩序を取り戻すのは非常に困難な状態だといえるでしょう。

　以上、不祥事が発生した場合の企業のリスクについて説明してきましたが、これらは不祥事の発見が遅れ、トラブルの規模がかなり大きくなってしまった後の話になります。

　このような事態を避けるためには、この後ご説明するとおり、不祥事発覚時の初動対応が重要になってきます。

第3　初動対応の重要性

　従業員Ａが不正を企図していると仮定した場合、Ａが実際に不正を行う前にそのことに気付いて止められれば、それは不祥事には至らなかったということになります。

　次に、実際にＡが不正を行ってしまったけれども、企業内部の問題にとどまっているうちに企業が気付き、事実関係の調査、問題の是正や再発防止策を講じられた場合は、企業の損害は少なく、社会的な信用低下やモラルハザードが起こるところまではいかないでしょう。

　これが、不正の存在に気付かずＡが繰り返し不正を行うことを放置してしまった場合、Ａが他の従業員を不正に誘い込み大規模な不祥事に発展してしまったり、複数の取引先に損害を与えてしまったりするような事態になりかねません。このような事態になってしまってからＡの不祥事に気付いても、企業が金銭的な損害を被ったり、社会的信用を損なったりすることは避けられず、当該企業は大きな痛手を被った状態から企業運営をやり直すしかなくなってしまいます。

　このように、不祥事を放置している時間が長ければ長いほど、問題は大きくなりますし、問題が大きくなればなるほど、解決の困難性は増してきます。そして企業が取り得る選択肢も、時間の経過とともにどんどん狭まってきてしまうのです。

　つまり、いかに早く不祥事の芽を摘むかという初動対応が非常に重要になってきます。

　この点、予防プリンシプル④においても、「どのような会社であっても不正の芽は常に存在しているという前提に立つべきである。不祥事予防のために重要なのは、不正を芽のうちに摘み、迅速に対処することである」

と述べられているところですが、いかに早く不祥事に気付き、いかに早く問題となっている事実関係を調査し、問題の是正、再発防止に取り組めるかが、不祥事によって企業に与える打撃の大きさを変えることになるのです。

図表7　リスクの大きさと時間軸の表

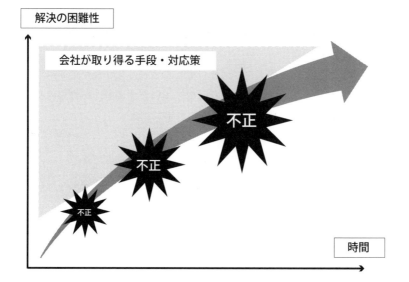

2019年、ある電力会社の不祥事が大々的に報道されました。発電所を設置した現地の地方自治体の職員から電力会社の幹部従業員や役員が長年にわたって多額の金品を受け取っていたという内容です。この不祥事が発覚した当時の電力会社の会長と社長は辞任に追い込まれました。この件は、第三者委員会の調査が入り、調査報告書が公開されていますが、その事実関係を見ると、当該電力会社は不祥事に対する対応を長年にわたって誤り続けてきたということになると思います。

最初に金品を受け取っていなければ…、金品受領者が増えてきたときに誰かが止めるように声を上げて是正していれば…。

結局は、ずるずると長年にわたって複数人が金品を受領し続けることに

なり、外部からの指摘によってそのことが発覚したことから、肥大化して
いた問題がマスコミに取り上げられ、当該電力会社は外部の調査委員会を
入れざるをえなくなって、その社会的信用は著しく下落することになりま
した。

　ここで注目したいのは、そもそも最初に地方自治体職員が金品を提供し
てきたときに企業が毅然とした対応を取り、受け取りを拒否していれば不
祥事になっていない一方で、一度、金品を受け取ってしまったことによっ
て、弱みを握られた格好になり、途中でこれを拒むのが難しくなってしまっ
ていたという点です。

　やはり、問題が一定の大きさになってしまうと、なかなか企業内部だけ
ではこれを解決することが困難になってしまいますので、不祥事の芽は小
さいうちに摘み取ってしまうことが大事です。

　このように、不祥事に対しては初動対応が非常に重要であり、とにかく
早い段階で毅然とした対応を取ることが企業の健全性を保つことに繋がる
のです。

第4　不祥事の早期発見

1　不祥事はどのような形で発覚するか

　不祥事が発覚した場合は初動対応が重要だと述べましたが、不祥事はどのようにして発覚するのでしょうか。

　不祥事の現れ方をトラブルの成熟度合いが小さい方から順に見ていきます。

図表8　不祥事の現れ方

① 上司への相談、社内資料と本人の言動の不一致等
② 内部通報
③ 不祥事の相手方が外部に相談
④ 損害賠償等の請求を受ける
⑤ 司法による紛争解決手続き（仮差押え、訴訟等）

①　上司への相談、社内資料と本人の言動の不一致等

　まず、不祥事発覚の場面として最も多くある類型としては、不祥事を行ってしまった本人や不祥事に気付いた同僚が上司に相談したことによって発覚するケースや、業務の引継ぎの際に社内資料に不審な点があり、本人に聴取したところ、資料と本人の言動が一致せず、不祥事が発覚するといったケースがあります。

　これらは次項で述べる予防プリンシプルのいうところの「通常の業務上のレポーティング・ライン」における不祥事の発覚となります。

②　内部通報

　次に挙げられるのは内部通報です。

内部通報は、従業員が自社における法令違反や規則違反等の事実や疑惑を自社の窓口に対して通報することを指しており、不祥事の被害者が通報するケースもあれば、不祥事の当事者ではなく同じ企業に勤務する第三者たる従業員が企業に通報するケースもあります。同じ職場で業務遂行している人は最も不正に気付きやすく、同僚や部下、上司が不正を働いていることを知った従業員が担当部署等へ内部通報をすることによって不祥事が発覚することも多いのです。

③ 不祥事の相手方が外部に相談

不祥事の相手方が外部に相談した結果、不祥事が発覚するケースがあります。ハラスメントの被害者が社外の人に相談をしてクレームが入ったとか、被害者が労働組合や労働局等に相談したことをきっかけに不祥事が発覚する場合です。

④ 損害賠償等の請求を受ける

企業外部への不祥事相談がなされると、その次に、当該企業は損害賠償等の請求を受けることがあります。これ以前に不祥事に気付けていない場合は、当該企業は何らかの請求を受けて初めて不祥事の発生に気付くことになります。

⑤ 司法による紛争解決手続き

最後に、トラブルが最も成熟した段階として、司法による紛争解決手続（仮差押え、訴訟等）等に発展しており、裁判所から訴状が届くといったことで不祥事が発覚することがあります。

また、刑事犯罪に該当するようなことを行っていた場合、従業員が逮捕されたことがきっかけで不祥事が発覚することもあるでしょう。

このように、不祥事の現れ方にも段階がありますが、ここで挙げた5段階でいうと、②と③の間には重大な違いがあります。

①の通常の業務遂行過程における不祥事の発覚、②の内部通報による不

祥事の発覚であれば、不祥事の事実が外部に漏れる前に企業が当該事実を把握できているということになりますが、③以降の不祥事発覚の場面では、既に社外の人が関わってしまっているのです（もちろん、①②も企業が不祥事を把握した時点で既に外部に情報が漏れてしまっている場合もありますが…。）。

　先ほど述べたとおり、不祥事の発生自体を完璧に抑え込むことは難しいわけですが、不祥事に関して外部の人が関わる段階になってくると、どうしても問題は大きくなってしまいますし、情報が外部に出てしまうことで企業の社会的評価を低下させることに繋がってきます。

　そのため、企業として考えておかなければいけないのは、①②の段階、つまり、外部に問題が持ち出されていない段階で速やかに適切な調査を行って問題を解決することが非常に重要だということです。①②の段階で不祥事を発見し、大きな問題に発展することを食い止め、再発防止策を講ずることができれば、当該企業は社内での自浄作用が機能していることとなり、不祥事によって大きな打撃は受けない状態を維持できるというわけです。

2　不祥事予防のための状況把握

　不祥事発覚の段階はいくつかありますが、企業が不祥事によって致命的な打撃を受けないようにするためには、不祥事の事実が外部に持ち出される前に社内で情報を把握し、不祥事の芽をなるべく小さいうちに摘み取ってしまう必要があります。

　そのためにやれることとして、まずは自社のコンプライアンス状況を正確に把握しておくことが重要になります。

　予防プリンシプル①においては、「コンプライアンスに係る制度やその運用状況はもとより、自社の企業風土や社内各層への意識の浸透度合い等を正確に把握することにより、自社の弱点や不祥事の兆候を認識する」こ

とが必要であり、「その際、現状のコンプライアンス体制が問題なく運用されているとの思い込みを捨て、批判的に自己検証」すべきであると指摘されています。

　例えば、従業員の金銭の使い込みを防止するためには、自社内におけるお金の流れ、決裁の仕組みがどうなっているかを定期的に確認し、全てのお金の流れが記録によって確認できるようになっているか、ある特定のポストにいる従業員の采配次第で金額が調整できるようになっていないか等をチェックすると有効でしょう。

　その際、「今まで問題が起こっていないから大丈夫」等という考えは持たずに、ある意味、機械的に、お金の流れや決裁の仕組みが客観的に把握できるようになっているかを検証し、あるポストにいる従業員の采配次第で金額調整が可能なブラックボックスが存在する場合には、「あの人は信頼できるから大丈夫」等とは思わずに、ブラックボックスになっている部分を確認できるような仕組みに修正していく必要があります。

　まずは、自社におけるコンプライアンス上の各システムの制度内容や運用状況を把握する中で不祥事の芽や、不祥事に繋がりかねない欠陥を発見しておくことが何よりの不祥事予防であり、予防プリンシプルの言葉を借りれば、不祥事予防のためには、「通常の業務上のレポーティング・ラインを通じて、正確な情報が現場から経営陣に確実に連携されるメカニズムが重要」なのです。

　これが機能していれば、上記1の不祥事発覚の段階でいうと①（上司への相談や社内資料と本人の言動の不一致等）の時点で不祥事ないしは不祥事の芽を発見できるため、問題の早期解決を図ることが可能になります。

　そして、この通常の業務上のレポーティング・ラインを機能させるためには、企業の経営陣がコンプライアンスを意識して、そのことを継続的に発信することが必要になります（予防プリンシプル②：使命感に裏付けられた職責の全う）。そして、経営陣と現場との間のコミュニケーションを充実させ、コンプライアンス意識を共有するために、中間管理職には「経営陣のメッセージを正確に理解・共有して現場に根づかせるとともに、現

場の声を束ねて経営陣に伝える」という役割を担ってもらうことを明確化するとよいでしょう（予防プリンシプル③：双方向のコミュニケーション）。

3　内部通報制度の重要性

ここまで述べてきたように、通常の業務上のレポーティング・ラインから不祥事を洗い出せればいいのですが、制度の運用状況の把握が不足している場合や、業務上のレポーティング・ライン上に、不祥事を起こしたり、不祥事を隠そうとしたりする者が介在している場合には、これがうまく機能しないことがあります。

予防プリンシプル①では、「本来機能すべきレポーティング・ラインが目詰まりした場合にも備え、内部通報や外部からの、株主・投資者の声等を適切に分析・処理し、経営陣に正確な情報が届けられる仕組みが実効性を伴って機能することが重要である」とされています。

中小企業においては、マンパワーの不足や資金力の問題等から、自社内のコンプライアンスシステムの緻密な構築や運用状況のチェック等を万全に機能させることが難しいケースもあると思いますので、内部通報制度を設置し、これを十分に機能させることが重要になるのです[5]。

---

5)　2020年6月に成立、公布された「公益通報者保護法の一部を改正する法律（令和2年法律第51号）」では、事業者に対し、内部通報に適切に対応するために必要な体制の整備等（窓口設定、調査、是正措置等）を義務づけており、その具体的内容については指針が策定されることになっていますが、中小事業主（従業員数300人以下）については、上記の体制整備等につき、法的義務ではなく、努力義務とされています。
　　なお、同法は、公布の日から起算して2年を超えない範囲内において政令に定める日から施行されることとなっています。

図表9　内部通報制度

「公益通報者保護法を踏まえた内部通報制度の整備・運用に関する民間事業者向けガイドライン」の概要

1．ガイドラインの趣旨

○公益通報者保護法（平成16年6月公布、平成18年4月施行）を踏まえ、事業者のコンプライアンス経営への取組を強化するために、従業員等からの法令違反等に関する通報を事業者内において適切に取り扱うための指針を示すもの。
○国会の附帯決議等において、コンプライアンス経営についての事業者の取組を積極的に促進すること等が求められていること等を踏まえ、有識者検討会において検討し、平成17年7月に内閣府国民生活局（当時）が公表。

2．改正の経緯

○法律の制定後も、企業の内部通報制度が機能せず、大きな不祥事に発展した事例が発生したこと等を背景として、「消費者基本計画」（平成27年3月24日閣議決定）に、公益通報者保護制度の見直しを含む必要な措置の検討を早急に行うこと等が決定されたことを踏まえ、「公益通報者保護制度の実効性の向上に関する検討会」（座長 宇賀克也 東京大学法学部教授）を開催。
○検討会第1次報告書（平成28年3月）を踏まえ消費者庁においてガイドラインの改定案を策定。パブリック・コメント実施の後、所要の調整を経て、平成28年12月9日に公表。

3．主な改正の内容

○事業者のコンプライアンス経営を促進するため、検討会報告書の提言を踏まえ、主に以下の4つの視点からガイドラインを見直し、内部通報制度の実効性の向上に向け、事業者が取り組むことが推奨される事項を具体化・明確化。

① 通報者の視点	② 経営者の視点	③ 中小事業者の視点	④ 国民・消費者の視点
＜安心して通報ができる環境の整備＞ ○通報に係る秘密保持の徹底 ○通報者に対する不利益な取扱いの禁止の徹底 ○自主的な通報者に対する懲戒処分等の減免	＜経営幹部の主導による実効性の高い通報制度の整備・運用＞ ○経営幹部が果たすべき役割の明確化 ○経営幹部からも独立性を有する通報ルートの整備 ○内部通報制度の継続的な評価・改善	＜中小事業者の取組の促進＞ ○規模や業種等の実情に応じた適切な取組の促進 ○関係事業者全体における実効性の向上	＜制度の適切な運用を通じた企業の社会的責任の実践＞ ○法令違反等に対する社内調査・是正措置の実効性の向上

4．今後の予定

消費者庁は、今後、
○民間事業者向け説明会を実施するなど、本ガイドラインの内容等について積極的に周知広報
○平成29年度以降、各事業者において、本ガイドラインを踏まえた内部通報制度の整備・改善を順次進めていただくよう働き掛け。

（引用元）消費者庁ホームページ

　この内部通報制度に関して、消費者庁が公益通報者保護法を踏まえた内部通報制度に関するガイドラインを出しています。図は消費者庁のホームページに掲載されているものです。

　不祥事というのは大なり小なり社内のルールに違反して行われるものですので、同じ社内の人がこれを発見する可能性が最も高いといえます。したがって、不祥事に気付いた従業員がすぐに通報しやすいように手続きを明確化し、かつ、通報者に不利益を及ぼさないような体制整備が必要になってきます。内部通報のことをホットラインと呼ぶこともありますが、不祥事や不祥事の兆候を発見した人がすぐに連絡できる窓口を設置できていれば、内部通報が適切に行われ、社内で早期に問題解決に動くことができるということになります。

　通報者が通報しやすい制度にするためには、まず、通報者の秘密を厳に保持する必要があります。通報した人からすれば、「自分が通報したことが同僚や上司に知られたらどう思われるだろう。白い目で見られたり、上司から仕事上不利益に扱われたりしないだろうか。」ということが非常に気になるものです。そのため、内部通報を機能させるためには通報者の秘密保持を徹底することが大前提となります。

　また、当然のことではありますが、通報者が通報したことに対して不利益な措置は課さない制度にする必要がありますし、不祥事を行った者が自ら内部通報窓口に申告してきた場合には、懲戒処分を減免するなどの措置を設けることも内部通報窓口の機能向上にとって効果的です。

　このように、内部通報窓口は、とにかく利用するにあたってハードルの低い制度にすべきです。利用数が増えれば、問題の早期発見に繋がり、企業の自浄作用を機能させることができます。

　次に、通報窓口を誰が担当するかという点についてですが、企業の経営幹部が窓口を担当するのは NG です。社内の不祥事を通報するわけですから、経営幹部が窓口担当だと通報する側が躊躇してしまうことは想像に難くないですし、通報を受けた経営幹部の方からしても、まだ情報が広がっ

ていないのであればもみ消した方がいいのではないか…といった良からぬ
誘惑にさいなまれることになりかねません。

　また、経営幹部ではなくとも、社内の部署が窓口担当だと、通報者が情
報の伝達経路を不安視して通報しにくくなることが考えられますし、中立
性や公平性を担保する必要もあるため、通報窓口を社外の専門家に依頼す
ることも検討すべきでしょう。

　もちろん、社内に通常業務の指揮命令系統からは独立した内部統制の部
署を置き、その部署が通報窓口を担うケースもありますが、いずれにして
も、せっかくの通報が社内事情によって握りつぶされてしまうようなこと
は避けなければなりませんので、通報窓口には中立性や公平性を保たせる
ように留意すべきです。

　とはいえ、中小企業の場合、独立した内部統制の部署を設けたり顧問弁
護士以外に通報窓口を外部に依頼したりする資金がないということもあり
ますので、顧問弁護士や顧問会計士等に内部通報窓口を兼務してもらうと
いうことも検討してよいと思います。

　内部通報制度は様々な形がありますが、形だけ整えても不祥事の発見や
解決はできませんので、当該企業の実情に合わせてきちんと機能する内部
通報制度を設置しましょう。

第2章

不祥事の調査方法

第1 企業の調査権限と従業員の調査協力義務

1 企業の調査権限

　これまで不祥事が発覚した場合は、早期の調査・対応が重要であると述べてきましたが、そもそも企業には調査を行う権限があるのかという点を確認しておきましょう。

　以下では、企業に調査権限があると認めた最高裁の判例（最判昭和52.12.13 裁判集民 122 号 391 頁）を紹介します。

　この判例の事案においては、企業内で、ある従業員が他の従業員に対し、政治的な運動に関する署名活動を行ったり、資金調達のために販売するアイテムの作成を依頼し、それを販売したりする等していました。このような活動が行われていることを知った当該企業は、当該従業員の行為は就業規則違反であるとして、調査を開始しました。このとき不祥事の当事者ではなく"参考人"的な立ち位置だった従業員の1人が社内調査の過程で行われたヒアリングを拒否したため、会社はヒアリングを拒否した従業員に対して懲戒処分（譴責）を下しました。これに対し、当該従業員が懲戒処分は無効であると主張して訴訟を提起したという事案です。

　最高裁は、「企業秩序に違反する行為があった場合には、その違反行為の内容、態様、程度等を明らかにして、乱された企業秩序の回復に必要な業務上の指示、命令を発し、又は違反者に対し制裁として懲戒処分を行うため、事実関係の調査をすることができることは、当然のこと」と判示し、企業には、自社内の秩序維持ないしは秩序回復のために調査を遂行する権限があるということを認めました。

2　従業員の調査協力義務

　では、企業に調査権限があるとしても、従業員には、いかなる場合でも調査に協力する義務があるのでしょうか。

　先ほどご紹介した最高裁判決はこの点についても述べています。最高裁は、「企業が企業秩序違反事件について調査をすることができるということから直ちに、労働者が、これに対応して、いつ、いかなる場合にも、当然に、企業の行う右調査に協力すべき義務を負っているものと解することはできない。けだし、労働者は、労働契約を締結して企業に雇用されることによって、企業に対し、労務提供義務を負うとともに、これに付随して企業秩序遵守義務その他の義務を負うが、企業の一般的な支配に服するものということはできないからである」としました。

　企業と従業員は、雇用契約を締結していますので、従業員は労務提供義務やこれに付随する義務は負いますが、企業の言うことに何でも応じるべき義務があるわけではないということです。

　最高裁も「右の観点に立って考えれば、当該労働者が他の労働者に対する指導、監督ないし企業秩序の維持などを職責とする者であって、右調査に協力することがその職務の内容となっている場合には、右調査に協力することは労働契約上の基本的義務である労務提供義務の履行そのものであるから、右調査に協力すべき義務を負うものといわなければならないが、右以外の場合には、調査対象である違反行為の性質、内容、当該労働者の右違反行為見聞の機会と職務執行との関連性、より適切な調査方法の有無等諸般の事情から総合的に判断して、右調査に協力することが労務提供義務を履行する上で必要かつ合理的であると認められない限り、右調査協力義務を負うことはないものと解するのが、相当である」とし、先程の参考人的な立ち位置の従業員には調査協力義務はないと判断して懲戒処分を無効としました。

　このように、不祥事が疑われている本人や調査に協力すること自体が業務内容となっている管理職（例えば、総務や人事の管理職、あるいは不祥

事を起こした従業員の直属の上司等はここに含まれるでしょう。）の場合は調査協力義務があるといえますが、従業員であっても法的な調査協力義務までは負わない者もいますので、その点は注意が必要です。

　なお、企業の役員の場合、法律上、善管注意義務[6]を負っており、企業秩序が乱されている場合に秩序を回復して企業に与える損害を最小化する義務があるといえますので、その注意義務の一環として調査への協力義務は常にあるといえるでしょう。

　実務上、時折、人事の管理職等が不祥事や不祥事の種を発見し、社内調査を行おうとしているにも関わらず、役員が調査に反対するため、当該管理職がきちんとした調査が行えずに板挟みになるということがあります。役員としては問題が公になることを恐れて臭い物に蓋をし、うまく処理をしてほしいということなのでしょうが、不祥事や不祥事の種があることを認識していたにもかかわらず、このような姿勢を取っていて問題が拡大してしまえば、それこそ、その役員は善管注意義務違反を問われる事態にもなりかねません。

　予防プリンシプル②でも指摘されているとおり、不祥事予防のためには、まずは経営陣が「コンプライアンスにコミット」することが必要であり、「コンプライアンスに対する経営陣のコミットメントを明確化し、それを継続的に社内に発信することなど様々な手段により全社に浸透されることが重要」ですので、役員は率先して問題の解明に努めるべきだと思います。

---

6)　企業と取締役の関係は、委任に関する規定に従うものとされており（会社法330条）、取締役は、その職務を遂行するにあたって、善良な管理者としての注意義務を負います（民法644条）。
　　注意義務の水準は、その地位・状況にある者に通常期待される程度のものとされており、特に専門的能力を買われて取締役に選任された者については、期待される水準は高くなるものと考えられています。

第2　調査チームの役割
～専門家をどう活用するのか～

　本項では、不祥事が発生した場合にどのような調査体制を敷くことが考えられるか、また、調査を実施するチームにどのような役割が求められるかという点について論じますが、調査において、弁護士等の専門家に相談するタイミングや内容が分からないという声をよく耳にしますので、ここでは、専門家をどのように活用すればいいかということに着目して説明していきたいと思います。

1　社内調査を行うか外部に調査を委託するか

(1)　社内調査委員会と外部調査委員会

　企業が不祥事を把握する経緯は、上司による部下の業務チェック、不祥事を起こした本人からの申告、業務引き継ぎ時の資料確認、内部通報、税務調査・会計監査、取引先からの通報、取締当局による調査等、様々な形があります。

　不祥事が発覚した場合、すぐに調査チームを立ち上げる必要がありますが、調査チームには大きく分けて「社内調査委員会（企業の役職員で構成）」と「外部調査委員会（社外の第三者で構成）」の2つがあります。

　社内調査委員会（もう少しフランクに「社内調査チーム」などと呼ぶこともあります。）は、基本的に企業の役職員で構成するのですが、弁護士や公認会計士など外部の専門家がチームに加入することもあります。
　一方、外部調査委員会は、当該企業と利害関係のない社外の第三者のみで構成した調査チームを指し、最近、耳にすることの多い「第三者委員会」はこの外部調査委員会に当たります。

ここから先は、社内調査委員会のことを「社内調査チーム」、外部調査委員会のことを「第三者委員会」といいます。

　不祥事が発覚した際、社内調査チームを立ち上げるのか、第三者委員会に調査を委託するのかを決めることになりますが、第三者委員会に委託する場合、外部の専門家複数人にそれなりの時間・労力を割いてもらって調査を遂行してもらうことになりますので、それ相応の費用がかかります。

　中小企業の場合、資金力の問題から、第三者委員会に調査を委託するというのは簡単ではないですが、それでも、企業の経営陣が関与するような組織的な不祥事や大規模な不祥事の場合は、コストをかけてでも、第三者委員会による調査が必要になってきます。このような事案の場合は、企業の役職員による調査だと、自社を守るために調査内容や公表される調査結果が歪められてしまいやすい傾向にあり、原因究明や再発防止策の構築が中途半端になってしまうことがあるからです。また、仮に実際にはきちんとした調査を実施できていたとしても、企業のステークホルダーや一般の人の目から見たときに、調査の中立性や公平性について疑義が生じ、企業の信頼回復に繋がらないこともありますので、組織的な不祥事や大規模な不祥事の場合には、第三者委員会による調査を選択する必要性が高いといえます。

　一方、組織的なものではなく、個人が起こした不祥事や、規模の大きくない不祥事の場合は、社内調査チームで対応することになりますので、多くの場合は社内調査チームによる調査を実施することになるでしょう。

　先ほど述べたとおり、社内調査チームにもいくつかの類型があります。

図表 10　社内調査チームの類型

パターン	①	②	③
社内の役職員	主導	主導	補助 (バックヤード作業)
外部の専門家		補助 (助言・検証)	主導

　パターン①は、社内の役職員のみで構成される調査チームです。不祥事が発覚してすぐの時点では、社内の役職員のみが事情を把握することになると思いますが、そのまま調査を進めていく場合はメンバーの中に調査に慣れた者が入っていないと十分な調査は遂行できないでしょう。

　パターン②は、社内の役職員だけでなく、弁護士や公認会計士等の専門家をチームに加入させ、社内の役職員が調査を進めるうえで当該専門家が助言したり、調査内容を検証したりといった役割を担う形式です。

　パターン③は、パターン②と同様、弁護士や公認会計士等の専門家をチームに加入させるのですが、当該専門家が主導的に調査を進め、社内の役職員は、専門家の指示にしたがって資料を収集したり、ヒアリングの段取りを組んだり、経営陣へのフィードバックを行う等、専らバックヤードの作業のみを行う形式です。

　後に社内調査チームがどのような作業を行えばいいかについて述べますが、不祥事の調査は、資料や関係者からのヒアリングを通して事実認定を行い、法的な評価をするという裁判に似た作業過程を踏むため、いずれかのタイミングで弁護士の知識、経験が必要になってきます。また、金銭の問題であれば当該企業の会計資料を精査する必要があるため、税理士や公認会計士の知見が必要になります。

　日常的に調査を遂行している部署が社内にあるのであれば別ですが、そ

うでなければ、専門家を入れずに調査を遂行してもあらぬ方向に調査が進んでしまったり、最後まで調査を遂行できずに中途半端に終わってしまったりすることもあります。

そのため、社内に調査に慣れた部署がない企業の場合は、何らかの形で専門家を社内調査チームに入れるべきであり、パターン②かパターン③による調査体制を敷いた方がよいでしょう。

(2) 社内調査チームのメンバー選定の考え方

社内の役職員で調査チームを構成する場合、どのようにメンバー選定を行えばいいかを考えてみます。

① 社内調査チームのトップは誰が担うか

まず、社内調査チームのトップは誰が担うかを決めなければなりません。

これは、企業の規模や事案の内容によっても異なってくるものの、中小企業の場合、役職でいえば、通常、部長クラス以上の者がトップを務めるべきでしょう。

総務部長や人事部長、内部統制等のコンプライアンスに関する部署が存在する場合は当該部署の長が社内調査チームのトップを務めます。

また、当該企業が数十人規模で、総務部や人事部の人数が数人しかいないというような場合ですと、総務部や人事部が一つの組織として企業全体に強い影響力を持っているということも少ないですので、この場合は取締役の1人が社内調査チームのトップを担います。

なぜ、このような上位の役職者が社内調査チームのトップに入るべきなのか…。

社内調査チームは、調査の段取りを組み、不祥事が疑われる当事者だけでなく、関係者からもヒアリングを実施する必要がありますし、調査の結果次第では不祥事を起こした者に対する処分や法的措置を検討することになります。そのため、誤解を恐れずにいえば、一定程度の「威厳」が必要になるのです。

　例えば、ヒアリング対象者が役職者の場合、社内調査チームのトップが当該ヒアリング対象者よりも下位の役職者であれば、調査を軽く見られ、真摯な供述がなされないことも考えられます。

　実際に社内調査チームのトップがヒアリングの場に同席するかどうかはともかく、「調査チーム」としては一定の権限を有する者がトップとして存在しており、あくまで「企業として調査している」という形を作ることが重要なのです。

②　社内調査チームのメンバー構成

　社内調査チームのトップが決まったら、その他のメンバーを選定します。取締役がトップになっている場合でも、総務部、人事部といった部署の部長は社内調査チームのメンバーに入ることになるでしょう。

　その他のメンバーについては、事案に応じて、当該調査チームのトップないしは調査現場を指揮する部長が信用する部下を選定することになりますが、当該不祥事そのもの、または不祥事の当事者（被害者的な立ち位置の者を含む）と利害関係や人間関係が深いと思われる者についてはメンバーに入れない方が無難です。

　後に述べるように、社内調査チームは中立・公平な立場で調査を遂行しなければなりませんが、不祥事そのものや当事者との関係が深いと、どうしても調査の過程で私情が入ってしまい、事実認定を歪めてしまったり、法的評価が甘くなってしまったりすることがあるのです。

　このような観点からすると、不祥事を起こした者の直属の上司も社内調査チームのメンバーに入れるべきではないということになります。

　直属の上司は、不祥事に関係している可能性もありますし（「不祥事を見過ごしていた」こと自体が問題となることもあります。）、当事者と日頃から密接な立ち位置で業務を行っていたとなると、当事者をかばいたくなったり、逆に自らに責任の火の粉が振りかかってこないようにしたりして、調査の公正性に支障をきたすことがあるからです。

　そのため、当事者の直属の上司は、むしろヒアリング対象者として、調

査の対象になることが多いと思います。

　社内調査チームのメンバーについては、以上のような観点で選定していくのですが、弁護士等の専門家を社内調査チームのメンバーに招聘し稼働させる場合（上記(1)②③のパターン）には、当該専門家とも相談しながら調査しやすいメンバー構成を検討して下さい。

(3)　調査に弁護士が関与する場合のコスト

①　第三者委員会を設置した場合の費用感

　中小企業の場合、第三者委員会だとコストの負担が重すぎるのではないか、というようなことも述べてきましたので、読者の皆さんとしては、専門家を使う場合の費用がいくらくらいなのかが気になるのではないかと思います。

　あくまで参考程度の話にはなりますが、少し具体的な金額の話をしておきます。なお、筆者は弁護士ですので、弁護士の費用感は分かりますが、税理士や公認会計士の費用感は分かりませんので、ここでは弁護士の費用感を念頭に置いています。

　第三者委員会については、日本弁護士連合会（以下、「日弁連」といいます。）がガイドラインを作成しているのですが、それによると第三者委員会の委員数は３人以上が原則とされています。調査委員の人数があまりに少ないと作業も効率的に進まないですし、なにより調査において偏った物の見方をしてしまうことになりかねないですので、３人以上が原則とされているのです。

　そのため、第三者委員会を設置する場合、少なくとも３人の弁護士が委員になるのですが、５人を超えるような人数で第三者委員会が構成されることも多くあります。

　では、単価はいくらか…。

　弁護士の費用については、2004 年までは日弁連の報酬基準をベースとして決められていましたが、報酬規制は撤廃され、現在は自由化されています。そのため、弁護士によってその費用は千差万別ではあるのですが、タイムチャージで費用を決める際、1 時間当たり 3 万円～ 5 万円程度の設定であることが比較的多いと思います（繰り返しになりますが、弁護士によって単価は異なりますので、依頼をする際は当該弁護士に費用を確認して下さい。）。

　仮に上記金額の間を取って 1 時間 4 万円の費用がかかるとした場合、調査遂行に 1 人当たり 50 時間かかるのであれば、弁護士 1 人につき 200 万円の費用がかかることになります。これが 3 人になると 600 万円、5 人になると 1000 万円かかるというわけです。

　今の例では調査遂行に要する時間を 50 時間と設定しましたが、実際には、第三者委員会による調査が弁護士 1 人当たり 50 時間の作業では済まない場合もあります。

　第三者委員会による調査では、資料の精査をそれぞれの弁護士が行い、ヒアリングも基本的には全員で行います（ヒアリング対象者が多い場合に担当を分けることもありますが、重要なヒアリング対象者については全員でヒアリングをすることが多いでしょう。）。後に述べますが、ヒアリングを実施するには十分な準備が必要になりますし、委員間での事前協議や事後協議も行います。

　また、第三者委員会の場合、調査した結果を報告書にまとめて依頼企業に提出する必要があります。この調査報告書は、裁判でいうところの判決のようなものであり、調査の内容や判断過程、最終的な結論等が記載されることになるのですが、公表されることも想定している成果物ですので、その作成にはかなりの時間を要します。

　このような作業内容を考えると、第三者委員会による調査を実施したときに、弁護士 1 人当たり 50 時間の作業では済まないこともあるというのは想像に難くないと思います。先ほど、「単価 1 時間 4 万円、50 時間の作業」という前提で 3 人の委員なら 600 万円、5 人の委員なら 1000 万円と述べましたが、仮に調査遂行に要する時間が 1.5 倍であれば、金額も 1.5

倍になるということです（当然ですが、単価が異なれば総額も異なってきます。）。

　不祥事の調査は、それ自体でお金を生み出す作業ではありませんので、これだけのコストがかかるとなると、中小企業の場合、第三者委員会を設置することのハードルは低くないでしょう。

　なお、調査案件の場合、このようなタイムチャージ制で報酬決定をすることが多いのですが、タイムチャージですと、費用総額が読めないということもありますので、最初から「この案件の調査をいくらで実施する」というように、企業と調査委員との間で総額を決めて契約することもあります。
　また、目安となる時間を決めて「○○時間を上限の目安として可能な範囲で調査する」というような契約もありえるのですが、このような契約をした場合、不十分な調査で調査報告書作成まで無理やり終わらせざるをえないということにもなりかねませんので、仮に上限の目安を設定するとしても、ある程度、調査を進めて見通しが立った時点で上限を決めるとか、元々、十分な時間を見込んで上限を設定する等の工夫が必要になります。
　第三者委員会の委員が納得して結論を出せるような形の契約にしておかないと、後になって調査結果にケチがつくことになるでしょう。

②　社内調査チームに弁護士を加入させた場合の費用感

　上記のとおり、第三者委員会を設置するとなると、かなりのコストがかかってしまうのですが、社内調査チームに弁護士を加入させる場合にどうなるのかを見てみましょう。

　社内調査チームに弁護士が入る場合でも、基本的に単価は変わりません。
　タイムチャージ制であれば、3万円～5万円程度であることが多いと思います。ただし、人数に制限はありませんので、1人の弁護士しか加入しないこともあります。

　また、第三者委員会においては、必ず委員会において調査報告書を作成することになりますが、社内調査の場合、弁護士が必ず詳細な調査報告書を作成しないといけないというわけではありません。あくまで社内調査チームのメンバーとして弁護士を招聘するという形になりますので、調査内容と調査結果が分かっていれば、企業の役職員が調査内容をまとめて弁護士がチェックし、経営陣に報告するという形式でも構わないのです（調査報告書の作成自体行わないケースもあります。）。

　そもそも、社内調査で済むような事案の場合、第三者委員会の設置が求められる事案と比較すると、内容が軽微な事案であることが多いという側面もありますが、仮に「単価1時間4万円、作業時間25時間、弁護士1人」で調査遂行ができるのであれば、コストは100万円ということになります。

　報酬決定方法について見ると、第三者委員会を設置する場合よりも社内調査に弁護士を招聘する場合の方が、融通が利きやすい側面もあります。
　第三者委員会の委員は、当該企業と利害関係のない（誤解を恐れずに別の言い方をすると、人間関係も信頼関係もない）弁護士が委員になることが求められていますので、報酬設定についても厳格になりがちなのですが、社内調査に弁護士を招聘する場合は、当該企業の顧問弁護士や、誰かの紹介を受けた弁護士に調査を依頼することが多いと思いますので、タイムチャージ制ではなく、「この案件の調査でいくら」という報酬決定方法が取りやすいとは思います。軽微な案件の調査であれば、数十万円のコストで済む場合もあるでしょう。

　ここまで、弁護士の報酬について記載しましたが、安く済ませようとすれば、調査に割く時間が少なくなったり、マンパワーが少なくなったりしますので、調査の厳密性が損なわれることはいうまでもありません。
　また、社内調査と第三者委員会による調査では、企業のステークホルダーや世間一般の目から見たときの公平性・客観性には雲泥の差がありますので、その点は十分に意識したうえで、事案によって、どのような調査体制

を敷くのが適切かを判断する必要があります。この「どのような調査体制を敷くのが適切か」を事案ごとに判断するにも法的なリスクの大きさや調査の規模をある程度見通す必要がありますので、まずは身近な弁護士に相談をしたうえで調査体制を決定するのがよいでしょう。

2　社内調査チームの役割

　本書は社内調査の進め方がメインテーマですので、第三者委員会についてはこれ以上触れず、社内調査チームのことにフォーカスします。
　まず、社内調査チームがどのような役割を担うかを見ていきましょう。

①　事実関係の解明

　社内における不祥事や不祥事の疑惑を把握したら、社内調査チームは、第一に事実関係の解明を行うことになります。
　被害申告や内部通報などから把握した不祥事の疑惑について、裏付けの証拠はあるのか、聞いていた事実関係よりも不祥事が広範囲に及んでいないか等、資料を収集したり、関係者からのヒアリングを行ったりして事実関係を特定しなければなりません。

②　認定した事実に対する法的評価

　資料やヒアリング結果等の証拠から、「どのような事実があったと認められるか」という事実認定を行ったら、当該認定事実を法的に評価し、当該不祥事が違法なものなのか、違法ではないが不適切なものなのかといった法的評価を行います。

③　被害拡大防止措置

　また、事実関係の解明と並行して、すぐに検討しなければならない事項として、被害拡大の防止措置が挙げられます。当該不祥事において被害者が存在する場合には、その被害者の保護を図らなければなりませんし、金銭や情報が流出している事案の場合は、これらの流出を取り急ぎ防止する

措置を取らなければなりません。不祥事発覚の端緒である被害申告や内部通報の内容を踏まえ、事実関係の解明を進めながら、これらの被害拡大防止措置を迅速に検討する必要があります。

④　原因究明・再発防止策の検討

不祥事に関する事実関係の解明の延長線上に原因究明という作業が出てきます。当該不祥事はなぜ起こってしまったのか、何が問題だったのか、不祥事を起こした個人だけに問題があったのか、企業の管理に問題はなかったのか…。不祥事が発生した原因を究明しなければ、同じことが繰り返されてしまいますので、不祥事の事実を特定したら、その原因にまで踏み込んで究明し、同じことが繰り返されないように再発防止策を検討する必要があります。

以上の①～④は、ほとんどの社内調査チームに期待された役割といえます（なお、不祥事発生からある程度時間が経過している案件の調査を行う場合には、③被害拡大防止措置を実施する余地がないことはあります。）。

これに対して、次に述べる項目については、必ず社内調査チームが担うというわけではありませんが、場合によっては社内調査チームが意見を述べることもある事項になります。

⑤　不祥事を起こした者に対する人事上の処分の検討

事実関係を解明した結果、不祥事があったと特定できた場合は、社内調査チームとして、不祥事を起こした者に対して処分を行うか否か、どのような処分を下すのが適切かを判断することもあります。もちろん、社内調査チームは事実関係の解明や原因究明にとどまり、処分自体は人事部に一任するというケースも多いですが、不祥事の内容については社内調査チームが一番よく把握しているわけですから、処分すべきか否か、厳重な処罰に値するのかどうかといったことに関して意見を求められることもあるでしょう。

⑥　不祥事を起こした者に対する法的責任追及の検討

　不祥事によって企業が損害を被った場合、懲戒処分を与えるにとどまらず、不祥事を起こした従業員に対して損害賠償請求をしたり、捜査機関に告訴したりといった法的措置を行う場合があります。これらの法的措置を取るか否かについては、最終的には経営陣や法務部が判断することになりますが、上記⑤と同様、社内調査チームが法的措置を取るべきかどうかについて意見を述べることもあります。

　その他、取締当局による摘発の対応やマスコミ等の広報対応を行うこともあり、社内調査チームが担う役割は、場合によっては非常に広範囲に及びますので、調査を開始する際には、当該調査において社内調査チームが果たす役割、目的をある程度明確にしておく必要があるでしょう。

　仮に上記①〜④の役割のみを遂行する場合であっても、事実関係の特定に必要な証拠は何か、不祥事と判断するために解明すべき事実は何かといったことをきちんと把握しておく必要がありますし、資料から適切に情報を収集する必要があります。このような事実認定、法的評価、資料の精査という作業を社内の役職員だけで遂行するのは簡単ではありませんので、これらの作業に慣れた弁護士や会計士等の専門家の助力を仰いだ方が的確かつ効率的に調査が進められるでしょう。

　このような事情から、実務上、社内調査チームには、当初から専門家に参加するよう依頼し、企業の役職員は、資料収集や関係者からのヒアリング日時の調整、検討結果の社内へのフィードバックに徹して、資料の精査や法的な分析は専門家に完全に任せてしまうような構成（パターン③）を取ることも非常に多いです。
　筆者が扱う調査案件でもパターン③が圧倒的に多く、中途半端に助言をするだけの場合よりも充実した調査を遂行しやすいです。

3　社内調査チームのスタンス

　社内調査チームが調査を行う際、中立性・公平性を保つ必要があります。

　例えば、セクハラの申告があった場合に、加害者とされる人が非常に有能な管理職で会社としてはどうしてもその人を守りたいというようなケースで、ついつい加害者に肩入れをした調査になってしまったり、逆に、加害者の評判が以前から悪かったこと等から、被害者に肩入れをした調査になってしまったりすることがあります。このように、一方に肩入れをした調査をしてしまうと、認定する事実関係が歪められたり、法的判断の場面で、ひいきにしている方に有利な判断をしてしまったりすることがあります。

　社内調査チームは、裁判官等の判断者になったつもりで、中立・公平に調査をする必要がありますので、上記のような事態に陥らないようにするため、社内調査チームのメンバー構成に留意し、冷静に客観的に（主観を排除して）調査を進めていくことが重要になります。

第3 調査の範囲

1 調査の対象事項

　調査する際のメインの調査対象事項が「不祥事を構成する事実関係」になることはいうまでもありませんが、対応プリンシプル①において「表面的な現象や因果関係の列挙にとどまることなく、その背景等を明らかにしつつ…根本的な原因を解明する」ことが求められているように、十分な調査を遂行して根本的な原因を解明し、真に有効な再発防止策を講じようと思えば、調査対象事項は、不祥事の経緯、動機、背景、当該不祥事を発生させたコンプライアンス上、ガバナンス上の問題点、企業風土等と広範にわたることになります。

　では、企業はどんなことでも調査対象とできるのでしょうか。
　企業の調査権の範囲に限界はないのか、限界があるとすればその分水嶺をどのように判断していけばいいのかという点について見ていきます。

　企業における調査権については、先に挙げた判決でも述べられていたように、企業の秩序維持という点に根拠がありました。そして、秩序維持が必要な理由としては、企業が適正な業務執行を実現するためであり、社内調査も業務執行の一環として行われるということになります。
　社内調査が業務執行の一環として行われる以上、企業は、業務執行権が及ぶ範囲を超える調査はできないということになるのです。

　先ほど、調査の対象事項は広範にわたると述べましたが、先に挙げた事項は全て不祥事の根本的な解決のために調査が必要な事項でしたので、全て業務執行権の範囲内の事項ということになります。
　しかし、不祥事を根本的に解決するつもりで広範に調査を進めていくう

ちに、いつの間にか業務執行権の範囲を逸脱してしまっていた…ということが起こりえますので注意が必要です。

　以下、いくつかの類型を挙げて調査権の限界について説明していきます。

2　調査権の限界

(1)　従業員の私的領域の調査

　調査は業務執行権が及ぶ範囲内でしか遂行できませんので、本来、従業員の私的領域に関する事項について調査することはできません。もっとも、業務執行権の範囲内で調査をしていても、事案によっては、従業員の私的領域に関する事項が調査対象に入ってくることがあります。その場合、従業員の私的領域と業務執行権の及ぶ範囲が重なり合っている部分については調査可能となりますが、その範囲を超えてしまわないよう注意することが必要です。

　従業員の私的領域の調査の考え方について、①従業員個人のSNSにおける情報、②社内恋愛・交友関係に関する情報、③疾病に関する情報を題材にして考えてみましょう。

図表11

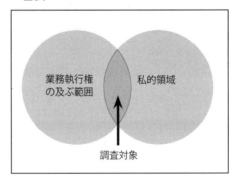

①　従業員個人のSNSにおける情報

　現在、若い世代を中心にSNSの利用者数が急増していることは周知の事実ですが、年代を問わず、社会人であれば、全くSNSに関与していないという人は珍しいといっていいくらいの利用率となっています。企業がSNSのアカウントを持ち、広告宣伝に利用しているケースもありますが、ここ

では、個人が利用している SNS を想定して見ていきます。

　近時、個人が SNS 上で投稿した内容であるにもかかわらず、その投稿した写真・動画や SNS 上に登録している情報をもとに、勤務先企業が特定されてしまって風評が広がってしまい、結果的に企業が謝罪しなければならなくなったという事件が何件も発生しています。

　そこで、SNS における従業員の投稿内容を調査対象にできないかという問題が出てきます。

　従業員が個人的に利用している SNS アカウントについては、当該従業員の私生活に関するプライベートな情報で溢れかえっていますので、同アカウントにおける投稿内容を探索的に調査することは、原則として業務執行権の範囲を超えているということになります。

　もっとも、上記のとおり、従業員が個人のアカウントに投稿した内容が企業の業務に支障をきたすこともありうるため、業務上の支障を回避するために個人の SNS 利用に規制をかける企業が増えており、このような場合には、従業員個人の SNS アカウントであっても調査対象となってきます。

　企業において従業員の SNS 利用を規制するとしても、企業が従業員に対して課すことができる規制は、あくまで業務上必要な範囲に限定されますので、規制の内容が過度に広範にわたっていないか、個人的な領域に関する利用まで規制するものになっていないかにつき注意する必要があります。

　そして、この企業による SNS の利用規制が適正なものであることを前提とした場合、当該規制に違反していないかを調査するということであれば、SNS の投稿内容の確認も業務執行権の範囲内といえますので、調査可能ということになります。

　また、従業員個人の SNS に投稿されている記事が企業の信用を毀損する内容である等、従業員による投稿内容が企業の問題となってしまっている場合には、当該投稿内容が調査対象となることはもちろん、他に同様の投

稿がなされていないかを調査することについても合理性があるといえるでしょう。

②　社内恋愛・交友関係に関する情報

　社内恋愛や社内での交友関係について見てみます。これらの人間関係が、社内で生じたものであったとしても、交際や交友している事実が私的領域に属する情報であることは明らかですし、それ自体が不祥事ということではありませんので、社内恋愛や交友関係そのものがメインの調査対象事項とされることはないはずです。

　ただし、不祥事の背景に男女関係のもつれや人間関係のもつれが潜んでいることはよくあります。セクハラはもちろん、パワハラ事案でも背景に男女関係が潜んでいることがありますし、ハラスメント事案に限らず、不祥事を起こした動機やきっかけに人間関係が介在していることがあるため、これらの場合には、調査にあたって男女関係等の人間関係を解明することが必要になることもあります。

　筆者の経験でも、長年にわたる不正な経理処理の背景に首謀者の男性と経理担当者の女性の不倫関係があり、2人が結託して不正会計を行い、金銭を着服していたという事案や、不倫関係にある女性にお金を渡すために会社の物品を横流ししてお金を作っていたという事案等もあり、不祥事を起こす動機やきっかけに関する事情として男女関係を解明せざるをえないケースというのは少なくありません。

　このように、不祥事の背景にある人間関係を解明すると、事件の規模の把握につながったり、再発防止策の検討が効率的に進められたりしますので、このようなケースにおける人間関係の調査は、業務執行権の範囲内にあるといえ、事案解明のために必要な調査になります。

③　疾病に関する情報

　従業員の疾病に関する情報というのは、高度な個人情報であり、個人情報保護法でいうと要配慮情報という極めてプライバシー性の高い情報となりますので、原則として企業が従業員の疾病に関する情報を調査すること

は不適切です。

　もっとも、今回の新型コロナウイルスのように非常に感染性の強い疾病が蔓延しているような状況においては、自社内の従業員が感染することによって、他の従業員にも伝染する可能性が出てきてしまいます。企業には従業員の健康を守る義務がありますので、業務執行にあたって、従業員の疾病に関して調査する必要性・合理性がある場合には、例外的にこのような情報を調査することも許容されることになります。

　どのような場合に調査の必要性・合理性があるのかは個別の事情によって判断することにはなりますが、当該疾病の感染性の有無・強さ、社会的な感染状況、感染経路、当該疾病により業務に影響を受ける業種かどうかといった要素を総合的に考慮して、従業員がある疾病に罹患しているかを調査することが適切かを検討することになります。

⑵　私生活上の不正行為の調査

　従業員の私生活上の不正行為を調査できるのかという問題もあります。

　業務とは関係のない私生活上の不正行為で懲戒処分を下せるのかという論点は古くからありますが、企業の業務執行権は従業員の私生活にまでは及びませんので、私生活上の不正行為は原則として懲戒処分の対象にはならず、調査権も及ばないということになります。

　しかし、ここでも私生活上の不正行為が調査対象事項となったり、懲戒処分の対象となったりする場合が出てきます。

　例えば、私生活上の不正行為が懲戒解雇事由になった有名な裁判例として、小田急電鉄事件（東京高判平成 15.12.11 労判 867 号 5 頁）があります。

　この事案では、鉄道会社の従業員Ｘが就業時間外に他社の電車内で痴漢行為を繰り返し行っており、逮捕されるなどしていたことから、勤務先企業がＸに対して昇給停止及び降職の処分を下し、Ｘは、今後同様の不祥事を起こした場合にはどのような処分にも従う旨の始末書を提出していました。それにもかかわらず、Ｘはその半年後にさらに痴漢行為を行い、迷惑

防止条例違反で起訴[7]されたことから、勤務先企業がXを懲戒解雇にしたという事案です。

　Xは、解雇処分の無効等を争って裁判を起こし、痴漢行為は私生活上の行為であって会社の業務を阻害したり、会社に不利益を与えるものではない等と主張していたのですが、裁判所はこの主張に対し、「控訴人（X：筆者注）は、そのような電車内における乗客の迷惑や被害を防止すべき電鉄会社の社員であり、その従事する職務に伴う倫理規範として、そのような行為（痴漢行為：筆者注）を決して行ってはならない立場にある」と判示し、Xが同種の犯罪行為を繰り返していたことや上記始末書を提出していたこと等を指摘したうえで、「このような事情からすれば、本件行為が報道等の形で公になるか否かを問わず、その社内における処分が懲戒解雇という最も厳しいものとなったとしても、それはやむを得ないものというべきである」とし、懲戒解雇は有効と判断しました。

　なお、この事案では、Xの勤務態度はまじめで問題はなかったのですが、勤務先企業は、Xが痴漢行為で逮捕され、罰金刑を受けたことが発覚したのをきっかけに同種の犯罪を行ったことがないかにつき、調査を開始しています。

　このように、職務遂行と直接関係のない私生活上の行為として行われた行為であっても、事案によっては企業の調査や懲戒処分の対象となることがあります。

　ではどのような場合に私生活上の不正行為が調査や懲戒処分の対象となるのでしょうか。この点について判断した有名な最高裁判決では次のように述べられています。

　「会社の社会的評価に重大な悪影響を与えるような労働者の行為については、それが職務遂行と直接関係のない私生活上で行われたものであっても、会社の規制を及ぼしうることは当然認められなければならない」としたうえで、就業規則に懲戒事由として定められた「不名誉な行為をして

7）検察官が被疑者（犯罪を犯したと疑われる者）を刑事裁判にかけることをいいます。

会社の対面を著しく汚したとき」という文言の解釈に当たって、「従業員の不名誉な行為が会社の対面を著しく汚したというためには、必ずしも具体的な業務阻害の結果や取引上の不利益の発生を必要とするものではないが、当該行為の性質、情状のほか、会社の事業の種類・態様・規模、会社の経済界に占める地位、経営方針及びその従業員の会社における地位・職種等諸般の事情から総合的に判断」して、当該私生活上の不正行為によって「会社の社会的評価に及ぼす悪影響が相当重大であると客観的に評価される場合でなければならない」(日本鋼管事件:最判昭和49.3.15 労判198 号 23 頁)としています。

　要は、諸々の事情を考えたときに当該私生活上の不正行為が勤務先の社会的評価にどの程度の悪影響を与えたかを見ることになるわけです。
　分かりやすい事例として「飲酒運転」で考えると、酒造メーカーや自動車関連企業の場合、他の業種の企業と比較して、飲酒運転撲滅に対してより重い責任を負うことが社会的に期待されているといえますので、自社の従業員が飲酒運転を行うというのは、企業の社会的評価を著しく下落させることになりかねません。
　そのため、従業員による飲酒運転が業務上のものでなく、私生活上の飲酒運転だったとしても、懲戒処分の対象となりえますし、懲戒処分を検討するための調査も可能ということになるでしょう。

(3)　派遣社員に対する調査

　社内で不祥事が起こる際、直接雇用の従業員だけが当事者になるとは限りません。
　大々的に報道されたベネッセコーポレーションの事件では膨大な情報が漏洩しましたが、その情報漏洩をしたのは派遣社員でした。派遣先としては、自社内で不祥事が発生したのですから、すぐに調査を開始しなければなりませんし、不祥事を起こした当人が分かっているのであれば、すぐにその当事者から話を聞きたいはずです。

　しかし、派遣社員が不祥事を起こした場合、派遣先が派遣社員を常に調査できるのかいうと、そういうわけではありません。

　先程述べたように、従業員の調査協力義務は、従業員の会社に対する労務提供義務が前提にあり、それに付随するものとして発生する義務です。しかし、派遣社員は、派遣先との間には雇用契約がなく、派遣元との間で雇用契約を締結していますので、派遣社員は派遣先に対して直接的には労務提供義務を負っていないのです。したがって、派遣社員は派遣先に対して当然に調査協力義務を負うことにはなりません。

図表 12　派遣労働関係

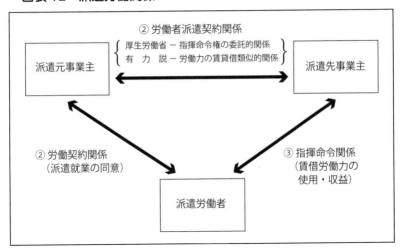

　このように、派遣元、派遣先、派遣社員は三面関係にあり、派遣社員を雇用しているのは派遣元であるため、派遣先が派遣社員に対して調査協力を求められるようにするためには、派遣元との派遣契約の締結に際し、あらかじめ不祥事発生時の調査権について定めておくこと等が必要になります。仮に派遣社員が派遣先において不祥事を起こした場合には派遣先が派遣社員に対して調査するということが契約内容となっていれば、派遣先は派遣社員に対して調査をすることが可能になります。

もっとも、多くの場合、派遣契約の中にこのような条項は入っていないと思いますので、派遣先としては、問題が発生した後に派遣元の了解を得たうえで派遣社員に対する調査を実施するという流れになるのが通常でしょう。

　派遣元との間で事前の取り決めも事後的な了解もない状態で派遣先が派遣社員に対して調査を行った場合には、派遣元との契約違反を構成することもありえますので、注意が必要です。

図表13

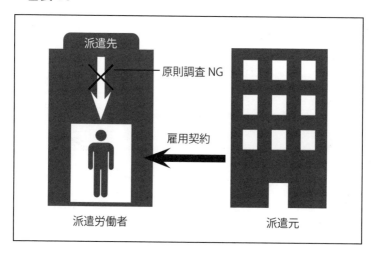

第4　調査方法

1　調査方法の概要

　ここからは、実際にどのような方法で調査を進めていけばいいのかについて論じます。

　調査の具体的な内容として、まずは客観的な資料の収集・検討が挙げられます。

　請求書や領収証、日程表、議事録等の紙媒体で残されている資料の収集のほか、パソコンに保存された電子データの確認、メール内容の確認等を行って電子媒体の資料も収集します。

　これらの資料は事実関係を確定するにあたって堅い証拠となりますので、時系列を把握したり、関係者の供述を裏付ける資料となったりして重要な役割を果たすことになります。

　もう1つ重要な調査方法として関係者からのヒアリングがあります。

　不祥事の内容を全て客観的な資料だけで裏付けられるケースはほとんどなく、多くの場合、一連の不祥事に関する事実関係のうち、断片的な部分についてしか客観的証拠は存在しません。この部分的な客観的証拠を繋ぎ合わせるのが関係者の供述ということになるのです。

　不祥事は人が起こしています。客観的な資料は動かぬ事実関係を示してくれますが、不祥事の動機を語ることはありませんし、録音、録画を除けば、人がどのような言動を取っていたか、どのような様子であったかまでを客観的資料から知ることはできません。

　そのため、客観的資料でポイントを押さえたうえで、関係者のヒアリングを行って供述を得ることによって、点と点が繋ぎ合わされ、全体像が見えてくるということになります。

なお、ハラスメントの事案などでは客観的資料が乏しく、ヒアリングが主な証拠になるというケースもありますが、客観的な資料がいつ検討しても常に同じ情報を示してくれる性質のものであるのと異なり、供述は、聞き方やヒアリング対象者の精神状況等によっても得られる情報が大きく変わる可能性があり、水物的な要素が強い性質のものですので、ヒアリングの準備・実施にあたっては調査者も多くの時間・労力を割くことになります。

　このように、調査においては関係者からのヒアリングが非常に重要であり、かつ、大きなウエイトを占めることになるのです。

2　ヒアリングは事前準備で質が高まる

(1)　客観的な資料の収集

　既に述べたように、客観的な資料によって動かぬ事実を特定し、そのうえで関係者のヒアリングを実施して事実関係全体を把握していくことになります。そのため、ヒアリングを実施する前に、請求書や領収証、日程表、議事録等の紙媒体で残されている資料のほか、パソコンに保存された電子データ、メールのやり取りの記録、写真のデータ等、思いつく資料は収集し、そこから得られる情報を整理しておく必要があります。

(2)　時系列表・人物関係図の作成

　ヒアリング対象者は、意図的に事実と異なることを喋る可能性もありますし、勘違いをして事実と異なることを口にすることもあります。そのようなときに、調査者は供述と事実関係が異なることに気付き、ヒアリング対象者に指摘できるようにしておかなければ、得たい情報にたどり着くことができずにヒアリングが終了してしまうことにもなりかねません。

図表14　ヒアリング準備

事実関係の把握
・ヒアリング前に把握できている情報をもとに時系列表や人物関係図を作成
客観的な資料の収集
・時系列表や人物関係図等を作成している過程で 　さらに収集可能な客観的な資料の存在に気付くことも多い
質問事項のメモを作成しておく
・どのような事項について聞きたいかを明確にしておく ・聞き漏らしを防ぐ ・供述を引き出しやすい流れを想定しておく

　そこで、調査者は、ヒアリング前に把握できた情報をなるべく整理して頭に入れておく必要がありますので、上記(1)のとおり収集した客観的な資料を精査して、あらかじめ時系列表や人物関係図を作成しておくとよいでしょう。

　事前準備としてこれらの図表を作成していると、不足している資料に気付くこともあります。時系列にメールのやり取りを記載していったとしたら、途中のメールの記録がないことに気付いたり、ある人物とある人物との関係性を示す資料が足りないことに気付いたりするわけです。

　ヒアリング前になるべく多くの情報を収集しておいた方がいいので、時系列表や人物関係図を作成している過程で不足している資料に気付くことができれば、これらを追加で収集しておくことができます。

　また、時系列表や人物関係図は、ヒアリング中に役立ってくることもあります。先ほど述べたように、ヒアリングをしているときに相手が喋った内容が時系列と異なる場合、対象者に指摘を入れたときの反応を見て、勘違いだったのか、あえて事実と異なることを喋っているのかが見えてくることがあります。そうすると、対象者が何かを隠そうとしているのではないかとか、誰かをかばおうとしているのではないか等、様々な推測が働い

てきて、人物関係図に目をやると、別の人との繋がりに気付くなどして調査が展開していくことがあるのです。

　（人物関係図、時系列表の例については、本章末尾81頁を参照下さい。）

(3) 質問事項メモの作成

　ヒアリングに臨む際、調査者は、必ず「○○について聞こう、□□について話をさせたい」等と考えているものです。

　ところが、いざヒアリング対象者とやり取りをしていると、思ったような供述が出てこなくて1つの質問事項に時間をかけすぎたり、対象者が話を次々と展開していくので話題が脇道にそれてしまったり、対象者から鋭く反論されて調査者も熱くなり、議論を白熱させてしまったりして、時間が経過してしまい、ついつい聞き漏らしをしてしまったり、思ったような供述を得ることができずにヒアリングを終えてしまった…ということがよくあります。

　そこで、ヒアリングを実施するにあたっては、質問したい事項を記載したメモを必ず用意するようにしましょう。

　質問事項メモを作成するメリットは2点あります。

① 聞き漏らし防止効果

　ヒアリング中に話が脱線したり、1つの話題に時間がかかることはよくあるのですが、そのようなときに質問事項メモが手元にあると、他に大事な質問事項があったり、複数の質問事項が残っていることを認識できるので、質問者自身に冷静さを与えてくれます。

　また、ヒアリングは複数の調査者で実施するのが通常ですが、調査者間で質問事項を共有していると、対象者とのやり取りに夢中になっている質問者に対し、他の調査者が合図を送ったり、話に割って入ったりするなどして、その場の話題をコントロールしやすくなりますので、予定していたヒアリング時間を効率的に活用することができ、聞き漏らしを防止することができます。

　当該ヒアリング対象者からどのような事項について聞き出したいのかという獲得目標を明確にしてメモに書き出しておきましょう。

②　想定した供述の獲得率上昇効果

　これは少し高度な技術になりますが、ヒアリングに慣れてくると、獲得したいと考えている供述を引き出しやすい会話の流れというものを想定することができるようになってきます。

　この人からはこういう話が出るのではないかという察しが付いていることがあるのですが、ヒアリング対象者に利害関係のある事柄であれば意図的に事実と異なる供述をすることもあるでしょうし、緊張していたり、質問者に警戒心を抱いていたりすると、思ったように事実を話してくれないこともあります。

　そこで、ヒアリング対象者ごとに、どういうことをどういう順番で聞いていったらその人が自然と話がしやすいかということを考え、話の展開やヒアリング時のストーリーというものを事前に考えたうえで質問事項メモを作成し、これに沿って質問していくのです。そうすると、獲得目標としていた供述をすんなり得られることがあります。

　もちろん、想定通りにいかないことも多々あるのですが、話の展開を全く考えずに冒頭から核心的な質問に入る等すると、場合によっては対象者から不必要な警戒心を抱かれ、ヒアリングがうまく進まないこともありますので、ある程度の話の流れを想定しておくことにデメリットはないでしょう。

　筆者の経験から留意すべきポイントを 2 点挙げます。
　1 つ目は、想定する話の展開はある程度ざっくりしたものにすることです。一問一答のように細かい問答を用意してしまうと想定通りにいかないことが多くなりますので、時間をかけすぎてしまったり、想定していたヒ

アリングの展開から大きく外れたままヒアリングを継続する流れになってしまったりすることがあります。

　対象者から自然に話を聞き取れるようにあくまで大まかな話の展開を考えておくという程度が程よいと考えています。

　２つ目は、ヒアリングの際、想定した話の展開にこだわりすぎないことです。いくら話の展開を想像していても、ヒアリング対象者にも思惑があったり、調査者が想定していたのと異なる事実認識であったりすることは珍しくありませんので、多くの場合、調査者が想定している通りにはヒアリングは進みません。そのため、想定していた話の展開にこだわりすぎず、アテが外れた場合には、さっさと諦めて必要な質問事項を聞き漏らさないことに注力するべきです。

　以上のような事前準備をしておけば、ヒアリングは効率的なものとなり、対象者を何度も呼び出す等という事態は回避できますし、調査もぐっと進んで事実関係を概ね特定できる状態になるでしょう。

　（質問事項メモの例については、本章末尾84頁を参照下さい。）

3　ヒアリングの「時間」

　ヒアリングを実施する際、「時間」という観点からはどのような点に留意すればいいのでしょうか。

(1)　ヒアリングの時間帯

　まず、ヒアリング実施の時間帯についてですが、調査は企業が業務執行権に基づいて遂行するものであること、また、従業員は労働契約に付随する義務として調査に応じているものであることを考えると、ヒアリングは就業時間内に行うことを原則とするべきでしょう。

　もっとも、企業としては、特に調査の初期段階においては、不祥事の調査をしていることをヒアリング対象者以外の従業員に知られたくないこと

が多いですし、ヒアリング対象者も他の従業員に対して自らが調査対象者
になっていると知られたくはないでしょう。そのため、就業時間外や休日
にヒアリングを実施する必要があることもあるのですが、調査への協力は
業務指示に基づくものになりますので、就業時間外や休日に実施した場合
は割増賃金を支払うことが必要になります。

(2)　ヒアリング時間の長さ

　ヒアリング時間の長さはどの程度が適切なのでしょうか。

　時間外手当を支払いさえすれば何時間でもヒアリングをしていいかとい
うと、そういうわけではありません。

　ヒアリング時間について、どれぐらいの長さが適正かを定めた規制はあ
りませんが、ヒアリングは、調査者も対象者もかなり頭を使いますので、
長時間のヒアリングを行うとどちらも非常に疲れます。疲れてくると、ヒ
アリングを終わらせたい一心で対象者がやってもいないことを認めてし
まったとか、調査者もイライラして強引な聞き取りをしてしまった等とい
う事態が出てきかねません。

　そうなってしまったら真相が解明できないだけでなく、人権侵害の問題
に発展してしまうことすらありうるのです。

　そこで、ヒアリング時間をどのくらいに設定するかが問題になってきま
す。

　刑事事件では、しばしば警察官や検察官による取調べ時間の長さが問題
になりますが、警察庁が平成 20 年に出した「警察捜査における取調べ適
正化指針」では、休憩時間を除いて 1 日あたり 8 時間を超えて取調べをす
る場合は、警察署長の事前承認が必要とされています。もちろん、刑事事
件の取調べと社内調査におけるヒアリングを並べて論じることはできませ
んが、刑事事件でさえ 8 時間を超える取調べは原則許されないということ
は参考情報として頭に入れておいてもよいでしょう。

もっとも、実務上は社内調査において、1人に対して8時間ものヒアリングすることはまず無いです。

　ヒアリング対象者と事案との関わり方や事案の複雑さによっても異なりますが、筆者の経験では、不祥事を起こした当事者ではない者からヒアリングする場合は、概ね30分から2時間程度を予定することが多いです。

　不祥事を起こした当事者の場合は、質問事項が多くなりますし、何度も呼び出して供述が変わってしまうことを避けるため、なるべく最初のヒアリングで大半の事情を聞いておきたいという考えに基づき、もう少し長時間のヒアリングを想定する場合もあります。休憩をはさみながら4時間程度のヒアリングを実施した例もありましたが、そのケースは、ヒアリングのために地方から東京に出張してもらい、大量の資料に基づき多数の質問事項について聴取する必要がありました。1人のヒアリングで4時間となるとかなり長いと思いますので、ヒアリングの効率化や時間短縮を図るため、十分な準備をするべきですし、どうしても長時間のヒアリングが必要な場合は、日程を分散させられるようしっかりと段取りを組む必要があります。

(3)　秘密保持を徹底する場合の時間外手当の処理

　秘密保持を徹底しなければならないケースの場合、調査者はヒアリングの時間帯に配慮するだけでなく、時間外手当の支払方法にも配慮が必要になることがあります。

　例えば、内部通報をしてきた人は、通常、自分が通報した事実はなるべく公開したくないと考えています。先に述べたように、内部通報者の秘密保持は、通報窓口の機能維持のために不可欠の事項でもありますので、就業時間中にヒアリングを実施して、他の従業員に通報した事実を勘付かれるような事態は厳に避ける必要があります。

　そうすると、就業時間外にヒアリングを実施することも多くなるのです

が、その際には時間外手当が発生します。もちろん、時間外手当は賃金規程にしたがって支給することが原則ではあるのですが、事案によっては通常どおりに残業時間をカウントして時間外手当を支給することで、その内部通報者の上司が通報者に対して定時後に何をしていたのか質問する等して通報した事実が発覚してしまうということもありえます。

そのため、当該通報者に秘密保持の範囲や時間外手当の支給方法についての意向を確認し、要望があれば、ほとぼりが冷めた頃に時間外手当を支給する等の柔軟な対応も検討する必要があるでしょう。

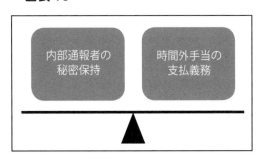

図表15

4　ヒアリングの「場所」

ヒアリングを実施する場所についてはどのように考えればいいでしょうか。

この点についても調査の性質から考えていくことになりますが、調査が業務執行の一環として行われるものである以上、ヒアリングの実施場所も原則としては事業所内ということを出発点として考えることになります。

一方、不祥事の調査を公然と開始してしまったら、不祥事を行った当事者や関係者に証拠を隠滅される恐れなどもありますので、特に調査初期の段階では、密行性を維持する必要があることも考えなければなりません。

また、ヒアリング対象者からすると、調査対象になっていることを他の従業員に知られたくない場合がほとんどですので、出入りを見られない場

所、他の従業員が間違って入室する可能性のない場所を選ぶ必要があります。例えば、日常業務に使用する会議室等だと他の従業員が入ってきたりする可能性もあるため、そういった場所でヒアリングを実施するのは避けるべきでしょう。

　もっとも、中小企業の場合、他の従業員の目に触れない場所がないということも多いでしょうから、その場合は事業所外の貸会議室を使用するとか、社内調査チームに弁護士が入っている場合は、弁護士の事務所を使用する等のことが考えられます。

　事業所からヒアリングの実施場所への移動に際して交通費が発生する場合は、ヒアリング対象者に対して交通費を支給することになります。

　なお、新型コロナウイルスの感染拡大によって、人と人が直接会うことのハードルが非常に高くなっていることから、筆者が調査事案においてヒアリングを実施する際、WEB会議によって実施することも多くなっています。この場合、調査を依頼してきている企業において、ヒアリング対象者が使用するパソコンや部屋の準備をしてもらい、オンラインで繋いでヒアリングを実施することになります。

5　ヒアリングのポイント

　さて、十分な事前準備をして、ヒアリングの時間や場所の設定をしたら、いよいよ実際にヒアリングを実施していくことになります。

⑴　5W1Hを明確に！

　ヒアリングを実施する際は、ありきたりですが、5W1Hを明確にすることが大事になります。

　いざ実際にヒアリングをしていると、対象者の供述の一部に曖昧な点があっても気付かずに流してしまうことがよくあります。対象者が意図的に具体的事実を明らかにしないこともありますので、調査者は、常に、「いつ」

「どこで」「誰が」「何を」「なぜ」「どのように」行ったのかというのを意識して事実の聞き取りを行って下さい。

①　供述者の評価が入った抽象的な事実と客観的・具体的事実の区別

5W1Hを明確にするために、供述者の評価が入った抽象的な事実と客観的・具体的な事実を区別する意識が重要になります。

例えば、ハラスメントの被害者であるAさんからヒアリングをしたときに、「Bさんから日常的に暴言を吐かれています。」と聞き取ったとします。その後、Bさんに対し、「あなたはAさんに対し、日常的に暴言を口にしていますか？」と質問したとしても、「暴言」という言葉自体、一定の事実を評価した言葉ですので、Bさんが自分の言葉を「暴言」と評価しないのであれば、「暴言など口にしていません。」と回答されて終わってしまう可能性があります。また、仮に「BはAに対して日常的に暴言を口にしていた。」という抽象的な事実を認定したとしても、このような具体性を欠く事実に対して、パワハラに該当するかどうかという法的評価を加えることはできません。

そのため、ヒアリングをする際には5W1Hを意識し、「暴言とはどのような言葉だったのか、それはいつ、どこでどのような場面でなされたものなのか。」といったことを質問し、聞きとる必要があります。

Aさんの供述が「○年○月○日の販売促進会議で、Bさんから他の社員の前で『お前は全く会社の役に立ってないから辞めちまえ』と言われました。日々の業務指示の際にも『バカ』とか『新入社員以下だ』とよく言われます。」というような具体的な事実であれば、Bさんへのヒアリングの際にも具体的な事実を示して聞き取りができます。

そうすると、Bさんの回答としても、「私は『バカ』とか『新入社員以下だ』と言ったことはあるけれども、『辞めちまえ』とは言っていません。」というような内容になり、話が噛み合って具体的な事実関係の特定が進みやすくなります。

このように、ヒアリングをする際には供述者の評価が入った言葉には注意を払い、なるべく評価を排除した客観的・具体的な事実関係を聞き取る必要があります。

② 「行為」に着目する

調査にあたっては、調査対象者の人物像に関する予断を持たず、「行為」に着目することが大切です。

調査者が調査対象者のことを知っていたり、調査対象者の噂を聞いたことがあったりする場合、「あいつならやりかねない」というような偏見を抱いて調査に臨んでしまうことがありますが、これは NG です。

予断を持ってヒアリングをしてしまうと、どうしても聞き取り方が甘くなったり、事実の評価が歪んでしまったりしますので、あくまで調査対象者の供述に出てくる事実、この人は、いつ、どこで、誰が、何を、なぜ、どのように行ったのかという「行為」に着目して事実確認をして下さい。

⑵ ヒアリングは複数で行う

ヒアリングは 1 人で実施せず、複数人で対応しましょう。

質問者が 1 人だけだと、対象者とのやり取りに集中しているうちにどうしても事実関係の聞き漏らしが発生しやすくなりますので、タイムキーパーや、聞き漏らしている質問事項の補足をする人員が必要です。

また、質問者と対象者がやり取りしているときに、対象者の微妙な表情や仕草等から、対象者の感情の変化に気付けることがあるのですが、質問者は、質問事項メモや時系列表、資料等を見ながらやり取りしていますので、どうしても対象者の表情や仕草などを見逃してしまうことがあります。

この点、複数人で対応していれば、質問者と対象者のやり取りを客観的に観察することができますので、対象者の感情が動いたと疑われる事項について、改めて補足で質問するようなことが可能になるわけです。

さらに、質疑応答の内容を正確に記録するという観点からも複数人で対応した方がいいでしょう。

　ヒアリングを実施する際、どのような人員構成が適切かはケースバイケースですが、例えば、セクハラ系の不祥事で被害者が女性の場合を想定すると、調査担当者に女性を入れておいたほうが対象者は安心して話がしやすいということになります。

　事案ごと、ヒアリング対象者ごとに適切な人員構成を考えましょう。

(3)　ヒアリング内容の録音

　ヒアリングを実施する際、録音するかどうかということも検討する必要がありますが、その是非はやはりケースバイケースになります。

　録音されていると分かると警戒してべらべら喋るのを躊躇する人もいますが、録音が残っているとヒアリングの際の状況をリアルに再現することができます。

　供述者が、自分自身や第三者に不利益な供述（以下、「不利益供述」といいます。）をしたものの、後になって、調査者から脅迫的なことを言われたので、事実ではなかったがやむなく不利益供述をした等と主張することもありますので、そのような主張をされないようにするためにも、録音することを相手に告知した上で録音をするということが多いのではないかと思います（秘密録音については後述します。）。

　筆者も、ヒアリングの際には、ほとんどの場合、録音することを対象者に告知した上で録音しています。

　もっとも、セクハラの被害者から話を聞く場合等は、録音していると話しづらいということもありますので、ケースごとに対象者の心理、後に供述を覆されたときのリスク等に配慮して決定することになります。

　それから、ヒアリング対象者が調査者を警戒することもよくあるのですが、警戒している対象者は、自衛目的でヒアリングの際に録音しようとすることが多いです。録音することを告知する人もいれば告知せずに録音す

る人もいますが、調査者としては、ヒアリング対象者から録音されていてもいいよう、常に緊張感を持ってヒアリングに臨み、この後に述べる不当な調査とならないよう留意しておく必要があります。

⑷　まとめ

　以上のように、ヒアリングを実施するに際しては、当該ヒアリング結果について、事後的に他の証拠との整合性や供述の合理性等を確認できるようにするため、「いつ」「どこで」「誰が」「何を」「なぜ」「どのように」（5W1H）行ったかという行為に着目して質問して下さい。そのためには、供述者の評価の入った言葉をそのまま記録してしまわないように注意するとともに、調査者も自らの評価や主観の入った聞き取り結果とならないよう、客観的で具体的な事実関係を聞き取って記録するよう心掛けましょう。

　ヒアリングは調査の中枢にあるものであり、ヒアリングがうまく進めば事案の全容が見えてくるはずです。

6　不当なヒアリングは行わないこと

　ここまで、どのような点に気を付ければ実効性のあるヒアリングになるかという観点でお話してきましたが、ここでは不当なヒアリングについて言及しておきます。

　不当なヒアリング手法を使ってしまうと、得られた供述の信用性が低くなり、証拠としての価値が著しく低下してしまうだけでなく、場合によってはヒアリング対象者から人権侵害と主張されて損害賠償請求をされるリスクまで出てきます。

　では、どのようなヒアリング手法が不当なものとなるのでしょうか。

(1)　脅迫的言辞

　不当なヒアリング手法の代表格としては脅迫的言辞が挙げられます。

　例えば、「ここで素直に認めなければお前は解雇だ」とか、「会社から損害賠償請求されたくなければ素直に話せ」等のように、対象者の社会的地位や経済面に害を加えるような言葉を使うと脅迫的な言辞となります[8]。

　調査者からこのような言葉を告げられると、対象者は畏怖し、告知された害から逃れるために、事実とは異なることを述べる可能性が出てきますので、脅迫的言辞に基づいてなされた供述は、裁判で証拠として使えないものになる可能性があります。裁判で証拠として使えない（あるいは全く証拠としての価値がない）となると、損害賠償請求で使えないだけでなく、懲戒処分を下す際の証拠としても適切性を欠くということになってしまいます。

　常識的に考えれば当然のことではありますが、脅迫的な言辞を使って供述を獲得しようとするのはやめましょう。

　ただし、ヒアリングを実施するにあたって留意すべき事項を告げることは問題ありません。

　例えば、調査協力義務があると考える対象者に対して、「あなたには会社に真実を述べる義務があります。虚偽の供述をした場合は、調査協力義務違反で懲戒処分の対象となることもありますので、ご留意下さい。」と伝える場合です。

　これは、留意事項を伝えただけであって害悪の告知ではありませんので、脅迫には該当しません。むしろ、このような留意事項の告知は、対象者が慎重かつ誠実に事実を述べることにも繋がりますので、ヒアリングの冒頭にお決まりの留意事項を告知することはよくあります。

---

8) 刑法における「脅迫罪」（同法222条）は、「生命、身体、自由、名誉又は財産に対し害を加える旨を告知して人を脅迫した者は、2年以下の懲役又は30万円以下の罰金に処する」と規定されています。

(2) 虚偽情報の提供

脅迫とは異なる不当な調査方法として、虚偽情報を提供することによって供述を獲得する手法があります。

例えば、不祥事の当事者と思われる者から早く自白を引き出したいがため、証拠を得てもいないのに「証拠があるのだから、認めろ。」と自白を促したり、不祥事を起こした当事者が複数名いて、まだ誰も自白していないにもかかわらず、「あいつはもう自白したぞ。お前も早く認めろ。」等と告げて供述を促す場合等が考えられます。

このようなヒアリング手法は、実際に不祥事を起こした者が相手であれば、その者が諦めて早期に自白を獲得することに繋がるのかもしれませんが、実際は不祥事を起こしたわけではない者が相手だった場合、「真実を話しても無駄かもしれない。早く解放されたい。」という心理に追い込み、事実とは異なる自白を誘発することになりかねません。そうなると、真実解明にならないどころか、誤って不祥事を起こしていない者に処分等を下してしまうことにもなるのです。

(3) まとめ

ヒアリングをしていると、つい熱くなってしまうこともありますし、調査者も対象者も同じ企業の者であれば、不祥事の事実自体や対象者の供述態度に関して感情的にもなりやすく、つい言葉を荒げたくなったり、早く解決したい気持ちが高まって様々な方法を使って供述を引き出したくなったりもするでしょう。

しかし、脅迫的言辞や虚偽情報を使って得られた供述は、結果的に証拠としての価値がなく、使い物にならないばかりか、対象者の人権を侵害することに繋がります。

ヒアリングの獲得目標は、「事実を認めさせる」とか「調査者が描いた事実関係に沿う供述を獲得する」ということではありません。「実際に起こった客観的な事実関係を特定する」ことがヒアリングの獲得目標ですので、そのことを忘れないようにして調査に臨んで下さい。

7　秘密録音

　相手方に告げずに会話を録音する、いわゆる「秘密録音」。やってもいいのか迷ったことがあるという方も多いのではないでしょうか。

　調査は、事実関係を特定するために行うものであり、ヒアリング結果は、供述証拠として調査者が特定した事実関係の裏付けになるものです。そして、仮に調査結果の適切性が争われることになったとしたら、最終的には、調査者は裁判所において、「このような証拠に基づいてこのような事実を認定したのだから適切な調査であった」ということにつき、立証活動をしていかなければなりません。そのためには、獲得した供述証拠が裁判でも証拠として認められる必要があります。

(1)　秘密録音の証拠能力

　では、秘密録音によって得られた会話の記録は裁判上、証拠となるのでしょうか。

　まず刑事裁判 9) について見ると、刑事裁判では適正手続の保障（憲法31 条）が重視されていることや相手方の同意のない証拠収集は令状によるべきという令状主義があること等から、秘密録音によって得られた会話の記録は、証拠として認められないことがあります。

　一方、民事裁判 10) は刑事裁判ほど厳格な手続きではなく、裁判例においても、秘密録音によって得られた会話の記録が証拠として認められている例がほとんどです。

　著名な裁判例である東京高裁昭和 52 年 7 月 15 日判決（判例時報 867

---

9) 刑事裁判は、国家が私人に対して刑罰権を発動するかどうかの審理であり、被告人が犯罪を行ったかどうかを審理する裁判です。
10) 民事裁判は、私人間の権利義務関係の存否を判断するための審理であり、金銭の支払請求や懲戒処分の有効性を確認する等の事件は全て民事裁判により審理されます。

号60頁）では、「その証拠が、著しく反社会的な手段を用いて、人の精神的肉体的自由を拘束する等の人格権侵害を伴う方法によって採集されたものであるときは、それ自体違法の評価を受け、その証拠能力を否定されてもやむを得ないものというべきである」「そして話者の同意なくしてなされた録音テープは、通常話者の一般的人格権の侵害となり得ることは明らかであるから、その証拠能力[11]の適否の判定に当たつては、その録音の手段方法が著しく反社会的と認められるか否かを基準とするべきものと解するのが相当」であると判示し、酒の席における秘密録音に関し、「いまだ同人らの人格権を著しく反社会的な手段方法で侵害したものということはできない」と判断しました。

　つまり、酒の席というプライベートの場面での秘密録音であっても人格権侵害にはあたらず、録音記録には証拠能力があると判断したのです。

　翻って社内調査という場面を前提に考えると、企業は業務執行権の範囲内で調査を遂行しており、対象者は、労働義務に付随する義務の履行としてヒアリングを受けていることになります。そうだとすれば、対象者もヒアリングに応じることで会社に対して情報提供をしていることを認識したうえで供述しているわけですので、対象者のプライベートを侵害しているわけでもありませんし、手段として反社会的ともいえません。

　そのため、社内調査におけるヒアリング実施時の秘密録音の記録は、通常、民事裁判において、証拠能力が肯定されることになるでしょう。

(2)　秘密録音と個人情報保護法

　秘密録音を実施する際のタブーとしては、「録音していますか。」と聞かれたにも関わらず、「録音していません。」と虚偽の回答をして録音をすることです。

11）裁判上、証拠として認めうる適格性のことです。証拠能力が否定されると、裁判上、証拠として認められないことになります。

個人情報保護法 17 条 1 項は、「…偽りその他不正の手段により個人情報を取得してはならない」と定めていますので、録音しているかを確認されて「録音していない」と虚偽の回答をしたうえで情報を取得すると、同法上の不正な情報取得に該当する可能性があり、違法となってしまって公式に証拠として使うことができなくなってしまいます[12]。

そのような事態になればせっかく獲得した供述もヒアリングの準備も何もかも無駄になってしまいますので、「録音しているか。」と聞かれた場合は正直に録音していることを告げ、堂々と会話の記録の正確性を担保するため等の録音の理由を告げるべきです。

録音していることを告げられた対象者が、「録音しているなら話しません。」と述べて供述を拒否する場合は、調査協力義務違反の問題として捉えて、義務違反に該当すると判断すれば、懲戒処分を検討することになります。

8　調査方法のまとめ

ここまで「調査方法」ということで縷々述べてきましたが、客観的な資料は、事案の時系列を特定したり、場合によっては不祥事そのものの直接的な証拠となったりすることもあります。また、客観的な資料が存在することによって、ヒアリング対象者の供述の裏付けを取ることもできますので、客観的な資料の収集が非常に重要な調査方法であることは間違いありません。

一方で、既にお分かりのように、調査においてもっとも難しく、もっとも労力を要するのはヒアリングです。そして、対応プリンシプルでも求め

---

12) この点、個人情報保護法に基づき行政機関として設置されている個人情報保護委員会が作成した Q&A（平成 30 年 7 月 20 日更新）においては、通話内容を録音している場合、個人情報保護法上は、録音していることについて伝える義務まではないとの見解が示されています。

られている、不祥事の背景事情の解明や根本的な原因の解明を行うために
は、ヒアリングが不可欠となってきます。

　ヒアリングについて付け加えておきます。
　ヒアリングは現場で対象者とコミュニケーションを取りながら情報収集
をすることになりますが、対象者は思わぬ事実を認識していたり、思わぬ
ところで感情的になったりすることもありますので、どのような展開にな
るか分からないところがあります。
　調査者のヒアリング準備が重要であることはいうまでもありませんが、
いざヒアリングを開始すると、準備した通りに進むことは少なく、想定外
の展開になると調査者が感情的になったりイライラしたりして、思わず不
適切な発言をしてしまったりすることも少なくありません。
　そうなってしまうと、取得できたはずの情報が取得できなかったり、調
査の適切性に疑義が生じたりすることにも繋がってしまいます。
　このように、効果的なヒアリングを実施するのは簡単ではなく、一朝一
夕にはその技術を習得することはできませんので、ヒアリングを実施する
際には必ず複数人で対応し、ヒアリングに慣れた人員を調査者に含める必
要があります。特に事案の性質として、関係者からのヒアリングが重要な
証拠となりそうなことが分かっている場合には、当初から弁護士を社内調
査チームに入れておく方がいいでしょう。

章末架空事例

【架空事例を基にした人物関係図・時系列表・質問事項メモの作成例】

〈事案〉

　A社は、不動産業を営んでおり、ビルを保有して賃貸に出す等している。A社は保有ビルに予算500万円程度で広告用の大型看板を設置することとしたが、その際、新たな業者を使ってみることにし、当該看板の製作・設置業者を選定するに際して、X部長を業者選定の責任者に任命した。これを受けてX部長は、部下のPと共に業者選定を行うことになった。

　Xは、かねてから看板の設計・製作会社B社の代表取締役Yと交流があったが、Yから、「看板製作等に関して仕事があったらご紹介下さい。Xさんにもよくしますから…。」等と言われていたことを思い出し、Yに連絡を入れて、A社の業務委託案件について説明した。

　Xの説明を聞いたYは、本件看板製作の内容であれば、技術はあるが営業力のないC社に外注に出せば、300万円で質を維持した業務ができると述べ、B社を施工業者として選定してくれれば、Xにお礼として100万円をキックバックすると提案した。

　Xは、「A社において、本件看板製作に関しては、再委託の禁止を契約内容にすることと指示されているため、C社への再委託を前提とした契約は締結できない。」と述べ、Yの提案に難色を示した。

　しかし、Yは、「C社はうちと何度も取引があります。C社の現場従業員にはB社の名刺も持たせていますし、B社の社名の入ったユニフォームも用意していますから、再委託したことは絶対にバレませんよ。」とXの説得を続け、Xは悩んだ末にYの提案に乗ることに

した。

　こうして、Xは本件看板製作の施工業者としてB社を選ぶこととし、A社とB社は看板の製作及び設置につき、報酬額500万円で業務委託契約を締結することとなった（以下、「本件委託契約」という。）。

　看板の製作・設置作業はC社の現場従業員の作業によって無事に終了し、A社からB社に報酬500万円が支払われ、XはYから現金で100万円を受領した。

　それから2か月後、A社の従業員が看板の不具合を発見し、看板工事の現場担当者を呼んで話を聞こうとしたところ、C社において、B社従業員になりすますことについての指示が徹底されていなかったことから、当該現場担当者は、A社従業員に対し、誤ってC社名義の名刺を渡してしまった。

　このことからA社は本件委託契約について疑いを持つことになり、A社の総務部長Gは、C社のZ社長に対して、看板工事施工時にB社名義の虚偽の名刺を渡したことを強く非難して実態を告知するよう求めたところ、A社からの法的措置等を恐れたZは、知っている事実関係を正直に話すこととし、「仕事が欲しかったのでYから言われた通りに工事を行い、工事現場ではYから渡されたB社名義の名刺を渡すよう現場従業員に指示してしまった。申し訳ありません。」と述べた。さらに、Zは、Gからの聞き取りに対し、B社には、現場作業を行う従業員は1人もおらず、C社のような外注先を何社か使い分けていること、B社のYには、発注業者にキックバックを渡して仕事を取ってきているという噂があること等を話したうえ、Gに対し、B社から発行された報酬額300万円と記載された発注書の写しを示した。

　Gは、看板施工業者の選定責任者であるXによる不正があったのではないかと考え、すぐに社内調査チームを発足してXの部下であ

るPを呼んでヒアリングを行い、社内メール、社内資料のチェックをする等の調査を開始した。

　すると、Xは業者選定作業の当初からB社と密に連絡を取っていたこと、PはXからの指示に基づいて複数社から相見積もりを取ったが、その中にはB社同様、有名企業ではないものの、B社への発注額500万円より安価の業者もあったこと、最終的にB社の対抗馬として残された候補業者は有名企業ではあるが予算オーバーのK社であり、K社に対しても金額交渉を行った形跡はないこと、また、看板の設置が完了した後、Xは打上げと称してPを誘い、普段、行くことがないような高級クラブに行ってPの分まで支払をしたこと、その際、XがPに対し、「この店は以前、B社のYに連れてきてもらったことがある。」と述べていたこと等が判明した。

【人物関係図】

業務提供（C社はB社名の名刺・ユニフォーム使用）

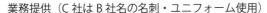

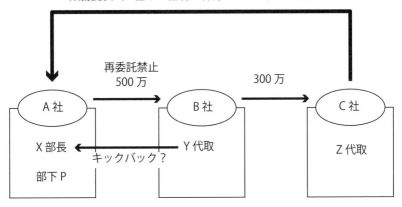

【時系列表】

エクセルを使って時系列表を作成しておくと、途中で新たな事実関係が判明して追記する場合でも、「日付順」ですぐに並び替えができるので便利です。

この「日付順」による並べ替えをうまく使うために、下記表では、曜日の列に「仮」という文字が入っている箇所があります。明確な日付が特定できない出来事がある場合、日付を入力しないままですと、「日付順」での並べ替えのときに当該項目が漏れてしまい、前後の事実関係との時系列が狂ってしまうことがあるため、仮の日付を入れることによって、出来事の前後関係が入れ違いにならないようにしています。

また、出来事の横には、根拠となる資料を記載しています。

こうすることによって、各事実関係についての根拠資料の有無、どのような資料が根拠となっているかを一目で確認することができ、ヒアリング前の資料収集の際に、足りない資料に気付くこともできます。

さらに、事実関係の根拠が明確になっていると、ヒアリングの際、ヒアリング対象者が根拠資料と異なる事実を述べた場合には、すぐに当該根拠資料を出すことができるので、根拠資料の欄はヒアリング時にも有用だといえます。

【B社看板施工案件　時系列表】

日付	曜日	出来事	根拠資料
2021.1.12	火	A社にて本件不動産に広告用の大型看板を設置することが決定	
2021.1.14	木	X部長が看板設置の施工業者選定の責任者に任命される	
2021.1.15	金	X部長がB社のYにメールで「電話で話がしたい」旨の連絡	X→Y：送信メール

2021.1.18	月	X部長：「看板施工業者の件」で外出	社内カレンダー
2021.1.19	月～木（仮）	X部長：この週に、看板施工のことにつき何度か電話で会話	Pヒアリング
2021.1.22	金	X→P：本件看板の施工会社につき、何社か見積もりを取るように指示 P：3業者に見積もり依頼	Pヒアリング P→業者：見積もり依頼のメール
2021.1.29	金	B社及びPが依頼した3業者からの見積もりが揃う	B社、K社の見積書 Pヒアリング
2021.2.1	月	X・Pが協議のうえ、B社及びK社に候補業者を絞る X→P：他2社の見積書を破棄するように指示	Pヒアリング
2021.2.2	火	X：B社、K社の見積書を添付したうえでB社を施工業者に選定することにつき、社内稟議を通す	稟議書
2021.2.5	金	A社・B社間で看板の製作・設置に関する業務委託契約書締結 報酬額500万円、再委託禁止条項	業務委託契約書
2021.2.8	月	B社→C社：本件看板製作・設置につき発注書送付（報酬額300万円）	B社→C社：発注書
2021.2.9	火	X・P・A社関連部署従業員・B社のY・B社の現場責任者（実際はC社所属）で看板設置について打合せ	社内カレンダー B社名義の名刺 Zヒアリング
2021.2.17	水	B社（実際にはC社従業員）による看板製作・設置工事開始	工事関係資料
2021.3.3	水	看板製作・設置が終了し、A社による検収完了	工事関係資料
2021.3.31	水	A社→B社：報酬額500万円の支払い	請求書 振込伝票
2021.4.5	月（仮）	B社→C社：報酬額300万円の支払い	Zヒアリング
2021.4.9	金	X：Pを連れて高級クラブに入店 X：「この店はYに連れてきてもらった」との発言	Pヒアリング
2021.5.7	金	看板に不具合が見つかり、作業担当者を呼んだところC社従業員であったことが発覚	

【質問事項メモ】

　本件では、X部長がキックバックを受けたことについての証拠はないものの、C社のZの供述や、Xの部下であるPの供述、業者選定過程におけるメールや社内資料等から、Xの不正が疑われる状況となっています。

　このような場合、不正を疑っていることを前面に出したり、いきなり核心的なことを聞いたりすると、ヒアリング対象者であるXが警戒し、黙秘し続けたり、ヒアリングの最中に言い訳を考えたりすることがあります。

　そこで、下記の質問事項メモの例では、まずは調査の経緯を差し障りのない範囲で告げたうえで（下記※1参照）、その経緯とX部長の業務内容からすれば、X部長が答えざるをえないような質問や（※2）、背景事情・周辺事情に関する質問からしていく流れにしています。

　こうすることによって、X部長が最初から黙秘するような事態を防止すると共に、X部長が事実を隠すために嘘を言えば、収集済みの客観的な資料や、既に確定している事実経緯と矛盾する供述をしていることが確認できます。矛盾が出てきた場合、これをうまく指摘することで徐々にX部長は嘘をつきづらくなってきます（※3）。そうして徐々に核心に迫っていくことで、X部長は真実を述べた方がいいのではないかというような心境になっていくと思いますので、うまくいけばキックバックの事実を認める流れに持っていくこともできるでしょう。

　（もちろん、うまく言い逃れられてしまうこともあるかもしれませんが、ヒアリング前に「なるべく事実を述べてもらえるような質問の流れ」を考えておくことでヒアリングの目的達成確率は上がってきます。）

X部長への質問事項

2021年5月24日（月）13時〜14時30分

目的：①本件看板の製作・設置業者の選定過程を明らかにする。

　　　②B社がC社に再委託したことにつき認識していたかを
　　　　確認する。

　　　③B社からキックバックを受けていないかを確認する。　※1

冒頭：①看板の製作・設置につき、B社と再委託禁止で契約締結して
　　　　いたにも関わらず、実際に施工を行ったのはC社従業員であ
　　　　ることが発覚したことから実態解明のために調査しているこ
　　　　とを説明。

　　　②X部長は会社に真実を述べる義務があり、違反した場合には
　　　　処分対象になることもありうるとの注意。

＜ヒアリング事項＞

1　施工業者の選定過程について　※2

　⑴　X部長がB社を施工業者に選定した理由は何なのか。

　⑵　他の業者はどの程度検討したのか、比較した際の決め手は。

　⑶　B社についてはどのような経緯で知ることになったのか、
　　　Yとはどのような関係か。　※3

　⑷　（X部長が業者選定責任者に選任された翌日にYにメールを送
　　　信していること、Pに他の業者の見積もり取得の指示を出したの
　　　は、Yにメールを入れた1週間後であったことを指摘したうえで）
　　　　最初にB社に連絡を入れたのはなぜか、他社からの見積もり
　　　取得の時期が遅れているのはなぜか。

　⑸　最初からB社に委託するつもりだったのか。

(6) B社、K社以外の見積書を破棄させたのはなぜか。

(7) その他

2 C社について
(1) C社のことを知っているか。

(2) 冒頭に述べたとおり、本件看板製作・設置業務を行ったのは
C社従業員だったが、そのことを知っていたか。

(3) （今回、C社が実態解明に協力してくれることになり、知って
いることを話してもらい、持っている資料を出してもらったこと
を告げたうえでB社からC社に対する発注書を示す）
B社はA社から500万円で受注した本件業務を丸ごとC社に
300万円で再委託していたが、B社からこのことに関して何か聞
いていることはないか。

(4) X部長は、Yに「話がしたい」とのメールを送った後、B社以
外の業者から見積もりを取得する前に「看板施工業者の件」とい
う予定で外出しているが、これはYと打合せをしたという理解で
いいか。

(5) Yと打合せをしていた場合、具体的にどのようなことを話して
いたのか。

(6) B社は、C社への再委託を隠すために、C社従業員にB社名義
の名刺を持たせ、B社名が入ったユニフォームを着せて本件看板
の施工業務を行わせていたが、Yとの打合せでこのようなことが
話題になったことはないか。

(7) その他

3　差額報酬について
 ⑴　本年4月にPを連れて高級クラブ●●●に行ったことの確認。
　　　かなり高級な店のようだが、どのようなときに行くのか。過去にYと行ったことはあるか。

 ⑵　B社がA社との契約当初から、契約上禁止された再委託によってC社に業務を300万円で丸投げし、C社従業員にB社の名刺を持たせる等して業務を行わせようと考えていたとしたら、Yの行為は詐欺に該当する可能性もあるため、A社としては事実を解明して法的措置も検討しなければならない。
　　　ここで再度、X部長に「真実を告げてほしい」と念押し。
　　　A社がB社に支払った報酬額とB社がC社に支払った報酬額の差額は200万円。B社のYは発注業者にキックバックを渡して仕事を取ってきているという噂があるようだが、Yから金銭を受け取ったことはないか。

 ⑶　~~Yは「Xにお金を渡した」と言っているが本当にもらっていないのか。~~

 ⑶　その他

> まだYからヒアリングをしていないので、このような質問をすると、虚偽情報の提供として不正なヒアリング手法となります。

第3章
不当な調査

第1　不当な調査を行った場合の　調査担当者のリスク

　調査担当者が不当な調査を行ってしまった場合、調査担当者や企業にどのようなリスクが生じるでしょうか。

　まず、調査担当者個人の責任についてです。

　例えば、調査担当者がヒアリングの際に「正直に話さないとクビにするぞ」「殺すぞ」等の脅迫的言辞を用いて供述を引き出そうとした場合、民事責任としては、脅迫という不法行為（民法709条）を行ってヒアリング対象者に精神的苦痛を与えたことに対する損害賠償責任に問われることが考えられます。

　また、刑事責任を見ると、上記のような脅迫的言辞を用いて供述を強いた場合、（実際に警察が立件するかはさておき）その行為は脅迫罪（刑法222条）や強要罪（刑法223条）に該当する可能性があります。

　これらの法的責任を問われるリスクだけでなく、不当な調査を行ったことを理由として社内で懲戒処分を受けてしまうこともあります。

　このように不当な調査を行ってしまうと、企業の業務命令で調査を行っていたのに、一転、自分が調査対象者になってしまうといった事態になりかねませんので、調査者は調査のルールを十分に把握して調査に臨むべきです。

第2　企業のリスク

　不当な調査が行われた場合、企業はどのようなリスクを負うでしょうか。

1　法的責任

　法的責任の1つは不法行為責任です。

　調査担当者が脅迫行為等を行ってしまって不法行為（民法 709 条）が成立した場合、企業は使用者責任（民法 715 条）を問われる可能性がありますし、企業の意思に基づいて調査担当者が不正な調査をしたと判断されれば、企業自体が不法行為責任（民法 709 条）に問われるおそれもあります。

　もう1つの法的責任は、債務不履行責任（民法 415 条）です。

　不当な調査を行った結果、調査対象者の就労環境を害した場合には、職場環境配慮義務違反として、債務不履行責任を問われます。

　例えば、ハラスメントの被害申告をしてきた人が被害申告の内容を周囲に知られたくないと言っているのに、それを不必要に知られるような状態においてしまって、その人の働く環境が非常に悪くなってしまったというようなケースが考えられます。

2　懲戒処分への影響

　調査担当者が不当な調査を行ってしまうと、調査対象者への懲戒処分にも影響が出てきます。

　調査過程で不正を行ってしまった場合、調査対象者の就業規則違反が明確になったとしても、後に調査担当者や企業が責任追及されることを懸念して、調査対象者に懲戒処分を科すことに躊躇が出てきてしまうのです。

　また、懲戒処分は、企業の乱れた秩序を回復する効果を期待してなされ

るものであるのに、企業の方が不当な調査を行ったとなると、企業側も社内の秩序を乱したということになりますので、そのような状態で調査対象者に懲戒処分を科すことについては、信義則上、問題とされることもあるでしょう。

3　後の裁判で結論が覆った場合

　社内調査チームが調査結果を出し、その調査結果に基づいて企業が懲戒処分を科したところ、後に懲戒処分の無効を訴訟で争われ、判決で調査結果とは異なる結論が出されることがありますが、この場合、社内調査チームは何らかの責任を負うのでしょうか。

　この点、企業が業務執行行為として遂行する調査は、最終的な司法判断の場である裁判所の審理とは審理過程も手続きの厳格さも異なりますので、結論が異なる事案が出てきてしまうことはやむをえません。
　もちろん、社内調査チームが不適切な調査を行っていたり、十分な裏付けがないことが分かっていながら事実認定を行ったりした場合には、法的責任が発生することもありえますが、適切な調査方法を実践し、真摯な証拠評価を行った結果として導いた結論であれば、後の裁判で異なる結論になったとしても、業務上の正当行為として、法的責任は発生しないものと考えられます。
　そのため、調査担当者は、後に裁判で異なる結論が出たとしても、社内調査チームとしては適切な調査を行ったと胸を張って言えるよう、常に細心の注意を払って調査に臨みましょう。

第4章

被害者対応

第1　被害者対応を検討する際の考慮要素

　不祥事が発生した際、当該企業以外に被害者が存在することがあります。

　ハラスメントの被害者、詐欺的な営業行為が行われた際の相手方等、不祥事の当事者から本当に被害を被った者が存在する場合もあれば、企業にとっては単なるクレーマーに過ぎない者から種々の連絡が入ってくるという場合もあります。

　例えば、社内のハラスメントの場合、被害者も自社の従業員ですので、当然、企業は当該被害者に対応する必要があります。

　一方、例えば、自社製品の製造過程に人為的なミスがあって製品に不具合が発生し、消費者に健康被害が出たという場合、その健康被害が出た人に対して対応するのはもちろんですが、「貴社の製品を評価していたので、知人に貴社の商品をお勧めしたところ、製品の不具合によってその知人に健康被害が出てしまった。知人からの私に対する信用が失墜してしまったので損害賠償として金銭を支払ってほしい。」と連絡がきたような場合、どうするか…。

　この例のように、自社で不祥事が発生し、被害を被ったとする者から連絡が入った場合、企業として対応すべきか否か、対応するとしてどのような範囲・程度で対応するかの判断が非常に悩ましい事例は多々あります。

　そこで、どのような要素を考慮して被害者対応の有無、程度（内容）を決めればよいのかについてご説明します。

①　企業の法的責任

　まず、企業の当該被害者（ないしは自称被害者）に対する法的責任の有無を検討します。

　企業が当該被害者に直接の法的責任を有する場合は、企業は当然、当該被害者に対応する必要があります。

　例えば、営業担当社員が就業中に車を運転していて、過失により交通事故を起こし相手にケガをさせてしまったときは、企業も使用者責任（民法715条）を負うことになりますし、先ほど例に挙げた製品の不具合の場合も健康被害をもたらしてしまった者に対しては製造物責任法上の責任を負いますので、これらの場合、被害者対応は必須のものとなります。

　訴訟等の本格的な紛争に発展する前に企業は被害者に接触し、穏便な解決を試みるべきでしょう。

②　被害感情の強さ

　当該被害者の被害感情の強さも重要な考慮要素になります。

　仮に企業が当該被害者に対して法的責任は負わないとしても、相手の被害感情が非常に強い場合にこれを無視しておくと、インターネット上で企業を誹謗中傷する書き込みをされる等のリスクが考えられます。

　また、裁判を起こされても最終的には企業が勝訴するという事案であったとしても、当該被害者がその気になれば訴訟提起自体は比較的簡単にできてしまいますので、事案によっては裁判を起こされるリスクも出てきます。

　そのため、他の要素と総合的に考慮することにはなりますが、相手の被害感情の強さ、どれくらい強く企業に対して対応を求めてきているのかという点も見極める必要があります。

③　世間一般から見たときの対処の必要性

　企業は社会の中で経済活動を行っていますので、たとえ当該被害者に対して法的責任を負わないとしても、世間一般から見た時に対処すべきだと見られるかどうかという点も考慮要素の中に入ってきます。

　昨今のように情報化が進展している社会だと、企業、個人を問わず、情報を広く発信することが可能ですし、その情報は瞬く間に広がっていきますので、企業の対応が世間一般の感覚とずれていると、当該対応が法的に

は問題がなかったとしても、企業の信用に傷がつくことがあるのです。

そのため、このようなリスクを回避したり軽減したりするためにどのような対応が必要かという点も考慮しなければならないのです。

④　企業と当該被害者との関係性

企業と当該被害者との関係性を考慮しなければならない場面もあります。

従業員が就業時間外のプライベートな時間に起こした事故等の不祥事の場合、原則として、企業は被害者に対して対応する必要はありません。このような場合の被害者からの企業に対する要求は不当な要求であることが多いため、むしろ企業は当該要求に対応すべきではないといえます。

しかし、このような場合でも、企業と当該被害者との関係性によっては一定の対応をせざるをえない場面も出てきます。

例えば、自社従業員Aが主要取引先企業B社の幹部Cと仲良くなり、プライベートでも交流を持っているような場面を想定します。Aが運転する車にCを乗せてプライベートで旅行に出かけ、Aの過失で交通事故を起こしてCが重傷を負ってしまったとすると、企業はCやCが所属するB社に対して法的責任は負わず、Aのプライベートな場面での出来事ということになります。

しかし、自社従業員であるAの過失で交通事故を起こし、Cが重傷を負ったとすると、企業が主要取引先であるB社に対して何の対応もしなければ、取引関係に影響が出る可能性も否定できません。

このような場合には、企業に法的責任がないとしても、当該被害者や取引先の感情にも配慮して、取引関係への影響を軽減するよう、一定のお見舞いの対応等を検討すべきでしょう。

ここまで挙げた考慮要素は総合的に考慮することになります。

上記①の法的責任があることが明確な場合には、被害者対応をすべきことは明らかなのですが、法的責任があるか否かという点は判断が難しいこ

とも多く、黒ではないが、濃いグレーの事案もあったり、薄いグレーの事案もあったりしますので、他の要素も踏まえて事案ごとに対応の有無、程度（内容）を決めることになります。

第2　被害者対応の必要性の類型化

　上記第1の考慮要素を踏まえて、被害者対応の必要性を類型化し、対応内容についての考え方を整理すると以下のようになります。

①　企業が法的責任を負うことが明確な場合

　先ほども述べたとおり、企業が当該被害者に対して法的責任を負うのが明らかな場合は、相手の被害感情の強さ等、他の要素がどうであれ、企業は可能な限りの被害者対応を取る必要があります。

②　企業が法的責任を負うかどうか不明確な場合

　次に企業が被害者に対して法的責任を負うかどうか不明確な場合です。

　この場合は他の要素を総合的に考慮することにはなりますが、筆者としては、企業が当該被害者に対して法的責任を直接負う可能性があるのであれば、何らかの被害者対応はしておいた方がいいと考えます。

　当該被害者が企業に対応を求めてきているにも関わらず、これを放置し、後に裁判で争われて法的責任があったという結論になってしまったら大惨事になりかねません。

　自社従業員の不祥事によって、企業が特定の人に法的責任を負う可能性がある事態になってしまっているわけですから、企業が社会で営利活動を行っていることの社会的責任を果たす意味でも、真摯な対応を心掛けるべきでしょう。

③　企業は法的責任を負わないが相手の被害感情が強い場合

　企業が当該被害者に対して法的責任は負わないと考えられるものの、当該被害者（ないしは自称被害者）の被害感情が強い場合、対応の有無、程度はケースバイケースになります。

　例えば、企業の不祥事を報道で見て、不愉快な気持ちになったといって

慰謝料請求をしてくる者がいた場合、当然ですが、企業としては対応しません。

　一方、上記第 1 の冒頭で挙げた例（自社製品の製造過程で人為的なミスにより欠陥が生じたが、自社製品の購買者であった A が当該製品を知人 B に勧めたところ、知人 B に健康被害が発生し、A から、B の A に対する信用が失墜したとしてクレームが入ったという事案）のような場合、企業は A に対して直接の法的責任は負わないと考えられますが、自社製品が消費者に健康被害をもたらしたという事案の重大性や、自社製品の購買者であり、自社製品を宣伝してくれるような者からの申告であることを考えれば、完全に無視するのではなく、一定の対応をすることもありうるでしょう。

　このような場合、A に対して金銭支払いをすることは不適切ですが、事態発生についての謝罪のメールを送る等の対応を検討する余地はあるといえます。

④　従業員の個人的な不祥事の場合

　最後に、企業に法的責任はなく、従業員の個人的な不祥事に過ぎない場合ですが、先にも触れたとおり、この場合は被害者から企業に対して何らかの要求があったとしても、原則として企業は何らの対応もしないということになります。不当な要求にまで対応していてはキリがありませんし、場合によっては不当な要求に応じることが弱みとなってさらなる不当要求を呼び込むことにもなりかねませんので、むしろ企業は毅然とした態度で要求を断る（ないしは無視する）ことが必要な場合も多いでしょう。

　例えば、休日に従業員が出歩いていてケンカになり、相手にケガを負わせた場合、企業は全く関係ありませんので、対応する必要はないし、むしろ対応すべきではありません。

　もっとも、上記第 1 ④で述べたとおり、企業と当該被害者との関係性によっては、事実上、企業が一定のお見舞いの措置を取る等した方が適切な解決となる場合もありますので、事案ごとに上記第 1 で挙げた要素を総合的に考慮して対応を決定して下さい。

第3 被害者対応の実務上の留意点

　企業が被害者対応を行う場合、どのようなことに留意すべきでしょうか。

　企業が当該被害者に対して法的責任を負う可能性がある場合と法的責任を負わないことが明らかな場合に分けて説明します。

(1) 当該被害者に対して法的責任を負う可能性がある場合

① 連絡窓口担当者の選定

　被害者対応を行う場合、企業は、連絡窓口の担当者を誰にすればいいかで悩むことがあります。

　まず、不祥事を起こした当事者を被害者対応の連絡窓口にするのは不適切です。

　被害者は直接の加害者にあたる者と連絡を取れば感情的になりやすいですし、被害者側からすれば、企業が当該従業員個人に責任を押し付けようとしているように見えてしまいます。

　そのため、企業が当該被害者に対して法的責任を負う可能性がある事案において、被害者対応で加害者従業員が登場するとすれば、当該被害者から、「どうしても加害者本人から直接謝罪を受けたい」等の要望が出てきた場合等、限られた場面だけであると考えておくべきでしょう。

　ここでは、企業が当該被害者に対して法的責任を負う可能性がある場合を想定していますので、あくまで被害を発生させた企業としての対応が必要になります。

　一般的には総務や人事の部長クラスの管理職が責任者となって、その部下が実務的な連絡窓口を担うケースが多いと思いますが、中小企業の場合ですと、事案が重大であれば取締役が責任者となることもあります。

②　被害者への接触のタイミング

　企業が被害者対応をする場合、どのようなタイミングで被害者に接触するのがいいのか、また、その際、どのような連絡内容にすればいいのかというのは、連絡窓口担当者にとって非常に悩ましく、筆者もこの点について相談を受けることが多いです。

　慎重に進めるのであれば、事実関係の調査を行い、企業が被害者に対して法的責任を負うか否かにつき、ある程度の判断をしてから行動する方が望ましいとも考えられるのですが、調査には時間がかかりますので、結果が出るまで被害者を放置すると、被害者に自分のことを軽視していると思い込まれてしまい、企業に対して敵対的な行動を誘発するリスクが出てきます。

　そのため、自社従業員の不祥事によって企業が被害者に対して法的責任を負う可能性があると判明したら、できるだけ早いタイミングで被害者に接触することが重要になります。

　もっとも、早い段階で被害者と接触する場合、被害者側も感情面の整理がついていないことも多く、すぐに損害賠償の話題を出すと逆に被害感情を逆なでしてしまうこともあります。

　また、事実関係の解明が十分に進んでいない段階で被害者に接触するわけですから、その時点では、企業の法的責任の有無、程度が不明確な状態であることも多いと思います。そのような段階で、安易に「弊社が全面的に悪い」「全ての責任は弊社にある」といったような発言をすると、その発言が一人歩きしてしまい、後になって、実は被害者側にも落ち度があったというようなことが分かったとしても、「会社が全ての責任を取ると言ったじゃないですか。」という話になり、紛争を拡大させる恐れもあります。

　そのため、最初に被害者と接触する際には、まずは「自社の従業員が被害者に対して被害を与えたこと（場合によっては『迷惑をかけたこと』『不

快な思いをさせたこと』にとどまることもあります)」について謝罪する旨をきちんと述べたうえで、「改めてご連絡させていただきます。」といった連絡内容にとどめておくべきケースも多いです。

では、接触前から被害者が企業に強い嫌悪感を持っていることが分かっており、接触するのが躊躇われるといったケースはどのように考えるべきでしょう。

この点、被害感情が強い事案の場合は、被害者に接触するための行動を取ったこと（ないしは、その行動の内容）について被害者側から非難されることもありますが、そのような事案の場合は、接触するための行動を取らなかったとしても、「全く何の連絡もしてこない」と非難されることでしょう。

被害者からすれば、被害を与えられている時点で加害者に怒りの感情を抱いていますから、加害者側の行動を批判的に見てしまうのは当然のことなのです。

そうだとすれば、企業としては、誠意を伝えるように行動することが最善であり、被害者への接触を試みることで被害者側から不満が出ることが予想されるとしても、企業には被害者に接触する意思があり、接触する努力をしているという姿勢を示すべきでしょう。

被害者と連絡が取れて、「今は会いたくない」と言われたとしたら、その意向を尊重して、しばらく時間を空けてから再度の接触を図っていくということになります。

③　直接面談の重要性

被害者に接触を試みて連絡が取れたら、まずは一度会って話をする機会が設けられないかを検討してもらって下さい。

電話やメールだけでもやり取りができないわけではないですが、被害者とコミュニケーションを取るためには、実際に会って顔を見て話をするのが非常に有益です。

直接会うと強烈な非難を受けたりすることもありますが、言いたいことを言ってもらって気持ちを整理してもらうのも話をする目的の1つですし、被害者が何に怒りを感じているのかを知ることもできます。

面談の場所については、被害者の意向に合わせることになりますが、企業のスタンスとしては被害者の自宅やその近辺まで出向く意思を示すべきでしょう。

なお、新型コロナウイルスの感染拡大によって、社会全体として、「直接会う」ことへの抵抗感や躊躇が強くなっています。企業としては被害者に対して「直接話をしに出向く」姿勢は保つべきですが、被害者の不信感が強い接触初期の状況ですと、感染症に対する配慮をせずに直接面談のみを提案すると、被害者から「配慮がない」と思われ、信頼関係の醸成に支障が出ることも考えられます。

そのため、被害者の意向にも対応できるよう、「弊社としては直接、お話しに伺いたいと考えておりますが、感染症の問題もありますので、連絡方法については、○○様のご意向に従いたいと思います。」といった配慮の言葉を添えることも検討しましょう。

(2) 企業が法的責任を負わないことが明らかな場合

企業が被害者に対して法的責任を負わないことが明らかな場合、基本的には、企業が被害者に何らかの対応をする必要はありません。

しかし、従業員の私生活上の不祥事のように企業の法的責任がないことが明らかな場合でも、被害者が企業に対して何らかの対応を要求してくることがあります。

そのような場合、①企業としては対応できないことを被害者に対して明確に伝えることと、②安易な金銭支払いを行わないことが重要です。

あまりにクレームの程度が強く、その対応が面倒になると、企業の経営者や担当者が、企業に責任がないにもかかわらず、「少しお金を払って解

決してしまえ」と考えてしまうこともあるのですが、根拠もないのに金銭を出してしまうことはコンプライアンス上、問題があります。

　また、一度そのような解決をしてしまうと、それ以降、同じような解決をする体質となってしまい、相手の勢いで支払う金額が変わってきたり、気付いたら反社会的勢力が関わっていたのにお金を渡してしまっていたという事態になったりする恐れもあります。

　何より、企業としての規律が乱れてしまいますので、毅然とした態度を取りましょう。

　上記第1④で述べたように、企業に法的責任がない場合でも、企業と被害者との関係性を考慮して、一定のお見舞いのような措置を取ることはありますが、不当な要求に対する安易な金銭の支払いは非常に危険だということに留意する必要があります。

第5章
事案類型ごとの調査内容

第1　ヒトに関する不祥事

1　ハラスメント概説

⑴　ハラスメントの多様化と増加

　ハラスメントの代表格としてはセクシュアルハラスメント（セクハラ）が挙げられますが、2019 年に法定化されたパワーハラスメント（パワハラ）やマタニティハラスメント（マタハラ）のほか、セクハラ概念の拡張型としての SOGI ハラ等、ハラスメントの形は多様化しています。

　ハラスメントは、「いじめ・嫌がらせ」を意味しますが、都道府県労働局に寄せられた労働相談コーナーの相談件数では、平成 24 年度に「いじめ・嫌がらせ」が「解雇」を超えて相談件数のトップとなり、その後も相談件数は右肩上がりを続けています。

　もちろん、「いじめ・嫌がらせ」の相談件数が増えているとはいっても、その全てが（違法な）ハラスメントに該当するわけではありません。権利意識の高まりという時代の変化に伴って、「ハラスメントを受けている」という主張の幅が広がっている側面があるということは筆者の実務経験上も感じているところです。

　もっとも、企業社会においてハラスメントが注目され、紛争化している件数が増えていることは事実ですので、企業としてはハラスメントの概念、リスクをきちんと理解し、ハラスメントの発生を予防することに加え、仮にハラスメントが発生してしまった場合には適切な調査を遂行して再発防止策を講じるべきことは言うまでもありません。

図表 16　ハラスメントの種類

セクハラ	相手方の意に反する性的言動
パワハラ	職場における優越的な関係を背景とした言動であって、業務上必要かつ相当な範囲を超えたものにより、雇用する労働者の就業環境が害されること
マタハラ	女性労働者が妊娠・出産したこと等を理由として、事業主が当該女性労働者に対して不利益な取り扱いをすること
SOGI ハラ	性的指向（Sexual Orientation）・性自認（Gender Identity）とハラスメントを組み合わせたもの

　各ハラスメントの概念については、上図のとおりです。セクハラ、パワハラについては後に詳細を述べますが、ここでは「SOGI ハラ」についてご説明します。

　SOGI ハラとは、性的指向（Sexual Orientation）、性自認（Gender Identity）とハラスメントを組み合わせた言葉で、最近よく使われるようになった概念です。
　性的指向は、性的な対象が同性なのか、異性なのか、両性なのかということを指し、性自認は、「自分は男（女）である」という性に関する自己意識のことを指します。LGBT という言葉も最近よく使われますが、これは同性愛や性同一性障害等のいわゆる性的マイノリティーの方を指す言葉で、SOGI ハラは、その性的マイノリティーに関する「いじめ・嫌がらせ」のことをいいます。

　平成 18 年に厚労省が出したセクハラ指針においても、被害を受けた者の性的指向または性自認に関わらず、職場におけるセクハラの対象になることが明記されており、SOGI ハラはセクハラの一種として捉えられているのです。

　LGBT の人口割合について、民間企業が調査を行っているのですが、そ

の割合は8％や10％といった結果が出たものもあります。左利きの人、あるいはAB型の人の割合は約7％といわれていますが、調査結果によれば、これらと同じかそれ以上の割合で性的マイノリティーの方がいることになるのです。

　性的マイノリティーの方は、差別等を恐れ、周囲にカミングアウトできずにいる人が多いです。職場で不用意に性的マイノリティーの方を差別するような発言をしていると、もしかしたら周りで傷ついている従業員がいるかもしれず、SOGIハラの問題になるかもしれません

　7％というと約13人に1人ということになりますので、読者の皆様の職場にも性的マイノリティーの方が一定数いるということは頭に置いておく必要があるでしょう。

⑵　企業の措置義務

　企業は労働契約に付随する義務の1つとして職場環境配慮義務を負っていますが、ハラスメントの予防や解決等に努めることも同義務の一環として求められることになります。

　このような観点から、セクハラ、パワハラ、マタハラに関しては、行政の指針によって事業主に一定の措置を講じる義務が課されています[13]。

図表17　措置義務

【企業が講ずべき措置】
・各種ハラスメントの内容、各種ハラスメントはあってはならない旨の方針の明確化と周知・啓発
・行為者への厳正な対処方針、内容の規定化と周知・啓発
・相談窓口の設置
・相談に対する適切な対応

---

13) パワハラの措置義務について、中小事業主は2022年4月1日から法的義務とされますが、それまでは努力義務であるとされています。

・事実関係の迅速かつ正確な確認
・当事者に対する適正な措置の実施
・再発防止措置の実施
・当事者等のプライバシー保護のための措置の実施と周知

　これらの措置義務は、セクハラ、パワハラ、マタハラに共通して定められているものになりますが、各種指針には、ハラスメントごとに「望ましい取組」等も記載されていますので、厚労省のウェブサイトを参照下さい。

　指針では、ハラスメントの内容、ハラスメントはあってはならない旨の方針の明確化と周知・啓発、相談窓口の設置、相談に対する適切な対応等が定められていますが、措置義務の中には、「事実関係の迅速かつ正確な確認」「当事者に対する適正な措置の実施」「再発防止措置の実施」といった項目が入っており、本書で述べている社内調査を遂行することが求められているというのが分かると思います。

　措置義務に違反した場合、企業は行政から助言、指導、勧告を受けることがあり、勧告に従わない場合は公表されることがありますが、罰則があるわけではなく、また、裁判所の判断は指針に拘束されるわけではありませんので、措置義務違反があったからといって直ちに民事上の職場環境配慮義務違反になるというわけでもありません。

　もっとも、例えばセクハラの被害者が企業に被害申告をしたのにまともな対応をしてくれなかったといって企業を訴えたときに、裁判所が当該企業に職場環境配慮義務違反があったかどうかというのを検討する際には、指針で定められている措置義務の履行状況がどのようなものだったかということは相当程度考慮されていると思われます。

　中小企業では、措置義務の内容を履践できていない企業も多いのですが、いざハラスメントが発生したときに企業の法的責任を問われるリスクがありますので、措置義務を履践できるように社内の体制を整えていくべきで

しょう。

(3)　企業固有の責任

ここで企業固有の責任についてお話します。

図表 18　事業主固有の責任

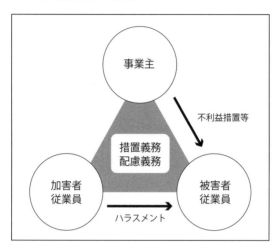

ハラスメントの本来的な構図としては、加害者従業員が被害者従業員に
ハラスメントを行い、その損害賠償は被害者から加害者に対して行われる
ものが基本的な形になります。

ただし、当該ハラスメントが業務に関連していることによって、加害者
を雇用している企業にも使用者責任（民法 715 条）が発生しますし、その
ハラスメント行為の発生に関して企業に落ち度があった場合には企業に職
場環境配慮義務違反（民法 415 条）に基づく責任が発生することになりま
す。

これらの企業の責任は、加害者が被害者に行ったハラスメント行為につ
いての企業の責任です。

　一方、このハラスメント行為そのものとは別の部分で企業が被害者に対して固有の責任を負うことがあります。

　先ほどご説明した企業の措置義務の中に「事業主に相談などをした労働者に対する不利益取扱いの禁止」というものがありますが、セクハラもパワハラもマタハラも、ハラスメントについて事業主に相談を行ったことや雇用管理上の措置に協力して事実を述べたことを理由とする解雇その他の不利益な取扱いをすることが法律上禁止されています[14]。
　そのため、かかる不利益取扱い禁止義務に違反した場合には、企業は不利益を与えた被害者や、雇用管理上の措置への協力者に対して損害賠償責任を負うことがあります。

　また、先程の措置義務の内容を見れば分かるように、企業はハラスメント行為について、適切に調査し、対応する義務を負っています。
　そのため、企業は、ハラスメント発生後の対応がよくなければ、ハラスメントが発生してしまったこと自体に対する責任とは別に、その事後対応自体が問題視されて企業固有の責任を負うことがあり、このような企業の責任を認めた裁判例も散見されます。

　例えば、日能研関西ほか事件（大阪高判平成 24.4.6 労判 1055 号 28 頁）では、上司の部下に対するパワハラ行為が問題となりましたが、会社はパワハラ行為発生後における事実確認が遅く、労働組合との団体交渉においても要領を得ない回答をする等して、結果的に会社の倫理委員会の開催が遅れてしまいました。裁判所はこの点について、職場環境整備義務違反があると判断し、パワハラそのものについての企業の責任とは別に企業の事後対応についての責任を認めました。
　この事件で認められた慰謝料の額は 20 万円でしたが、金額の問題では

14）不利益取扱いの禁止につき、セクハラは男女雇用機会均等法、パワハラは労働施策総合推進法、マタハラは育児介護休業法に定めがあります。

なく、企業の事後的な対応に法的責任が認められたこと自体が大きな問題であり、その情報が広まってしまえばレピュテーションリスクに繋がることもあるでしょう。

　企業の事後対応に法的責任が認められた裁判例をもう1つ紹介します。
　A市職員（セクハラ損害賠償）事件（横浜地判平成 16.7.8 労判 880 号123 頁）では、A市の職員であった女性XがB係長からセクハラを受けていたことから、そのことを市の相談窓口に相談したのですが、窓口担当責任者のC課長は、B係長への事情聴取によってセクハラの事実があったことを認識していたにも関わらず、Xから事情を聴きとることをしなかったばかりか、Xの要請によって実施されたXとC課長との面談の際には、B係長をかばう発言を繰り返し [15]、結局、Xに何らの措置をとることもなく、またB係長についても何らの処置も検討しませんでした。
　裁判所はこの点を捉えて、C課長は、「問題解決にとって特に重要な事実の調査・確定を十分行わず、当時同課長が把握していた事実によっても当然検討すべきであると考えられた被害者である原告（X：筆者注）の保護や加害者である係長（B：筆者注）に対する制裁のいずれの点についても何もしなかったと評するほかはない」と述べ、「課長（C：筆者注）の不作為は…違法というべきである」と判断し、A市に対し、セクハラ行為による慰謝料 120 万円のほか、窓口担当責任者の不作為による慰謝料として 80 万円の支払いを命じました。

　これらの裁判例からすると、ハラスメントが発生した場合の企業の対応はかなりシビアに見られますので、企業としては、ハラスメントの対応として、形だけの相談窓口を設置するだけでは不十分であり、速やかに事実関係の確認や被害者への配慮措置等を検討する必要があります。

---

15) この事件では、XとC課長の面談内容につき、録音記録が証拠提出されており、当該録音記録からC課長の発言内容が事実として認定されています。

　ここまでハラスメント全般に通じる概説を述べてきましたが、事項以下では各ハラスメントの概念と実際にハラスメントが発生してしまった場合の具体的な調査の流れについてご説明します。

2　セクハラの調査

(1)　セクハラとは

　セクハラの調査をするにあたって、まずは「セクハラ」がどのようなものかを理解しておく必要があります。

　セクハラは、相手の意に反した性的言動のことをいいますが、これには2つの類型があります[16]。

　1つは「対価型セクハラ」といわれるものです。
　これは、例えば、事業所内において上司が部下に対して性的な関係を要求したが拒否されたため、当該部下に対して不利益な配置転換をするというような類型のセクハラのことを指します。
　不利益を被ることとセクハラ行為との関係が対になっているため、「対価型」と呼ばれます。

　もう1つの類型は「環境型セクハラ」です。
　例えば、同僚が職場において当該従業員にかかる性的な内容の情報を意図的かつ継続的に流布（情報を広めること）したことから、当該従業員が職場にいることに苦痛を感じて仕事が手につかなくなってしまうような場合を指します。
　この類型は、加害者の性的な嫌がらせによって被害者の職場環境が害さ

---

16)　男女雇用機会均等法 11 条では、「職場において行われる性的な言動に対するその雇用する労働者の対応により当該労働者がその労働条件につき不利益を受け、又は当該性的な言動により当該労働者の就業環境が害されること」と定義されており、前段に「対価型」、後段に「環境型」が定められています。

れてしまうことから、「環境型」と呼ばれています（図表 19　セクハラ 2
つの類型参照）。

図表 19　セクハラ 2 つの類型

「対価型セクシュアルハラスメント」とは

　労働者の意に反する性的な言動に対する労働者の対応（拒否や抵抗）により、その労働者が解雇、
降格、減給、労働契約の更新拒否、昇進・昇格の対象からの除外、客観的に見て不利益な配置転換
などの不利益を受けることです。

●典型的な例
　・事務所内において事業主が労働者に対して性的な関係を要求したが、拒否された
　　ため、その労働者を解雇すること。
　・出張中の車中において上司が労働者の腰、胸などに触ったが、抵抗されたため、
　　その労働者について不利益な配置転換をすること。
　・営業所内において事業主が日頃から労働者に係る性的な事柄について公然と発言
　　していたが、抗議されたため、その労働者を降格すること。

「環境型セクシュアルハラスメント」とは

　労働者の意に反する性的な言動により労働者の就業環境が不快なものとなったため、能力の発揮
に重大な悪影響が生じるなどその労働者が就業する上で看過できない程度の支障が生じることです。

●典型的な例
　・事務所内において上司が労働者の腰、胸などに度々触ったため、その労働者が苦
　　痛に感じてその就業意欲が低下していること。
　・同僚が取引先において労働者に係る性的な内容の情報を意図的かつ継続的に流布
　　したため、その労働者が苦痛に感じて仕事が手につかないこと。
　・事務所内にヌードポスターを掲示しているため、その労働者が苦痛に感じて業務
　　に専念できないこと。

（引用元）厚生労働省都道府県労働局雇用均等室 事業者向けリーフレット

　ところで、対価型にしても環境型にしても、セクハラは、「相手方の意
に反して」行われた性的な言動のことを指すのですが、相手が明示的に拒
否の態度を取っていなくても、内心嫌がっていたら「意に反して」に該当
してしまうので注意が必要です。

　筆者も様々な企業の方とお付き合いがあり、酒席に招かれることも多い
のですが、時折、経営陣や幹部社員の方が危なっかしい言動をしているの
を目にすることがあります。そんなとき、筆者がこっそりと「セクハラに

気をつけて下さいよ。」と言うと、「大丈夫ですよ。うちの社員は全然嫌がってないですから。」と答える方もおられるのですが、この考え方は非常に危険だということになります。

　相手が拒否したり嫌がったりする態度を取っていなくても、心の中で嫌がっていたらアウトだということを頭に入れておく必要があるでしょう。

　この点については、L館事件判決（最判平成27.2.26 労判1109号5頁）という有名な最高裁判決で触れられておりますのでご紹介します。

　この事件は、管理職の男性2名が複数の女性従業員に対して日常的にセクハラ発言を行っていたことから、会社が調査をした結果、セクハラに該当するという結論に達し、加害者らに懲戒処分として出勤停止処分を下し、同処分を受けたことを理由として、下位の等級に降格させたところ、当該男性従業員らが懲戒処分の無効等を争って、会社に対し訴訟を提起したという事案です。

　原審の大阪高裁では、被害者である女性従業員らが明白な拒否の態度を示しておらず、加害者らが日々の言動につき被害者らから許されていると誤信していたことを加害者らに有利な事情として考慮しました。

　これに対し、最高裁は、「職場におけるセクハラ行為については、被害者が内心でこれに著しい不快感や嫌悪感等を抱きながらも、職場の人間関係の悪化等を懸念して、加害者に対する抗議や抵抗ないし会社に対する被害の申告を差し控えたり躊躇したりすることが少なくないと考えられる」として、被害者が明示的な拒否の態度をとっていなくても、そのことをもって加害者らに有利な事情として考慮することは相当でないと述べたのです。

　このように、被害者が明示的に拒否する態度を示していなくても、内心嫌がっていたら「意に反した」ということになりますので、セクハラの調査をする際には、相手が拒絶していなかったという事実を重視しすぎて判断を誤ってしまわないように気を付けましょう。

(2)　具体的な調査の流れと留意点

以下の事例をもとに、調査の具体的な流れをご説明していきます。

　ある日、Ａ社のセクハラ相談窓口に女性従業員Ｘからセクハラの申告があった。内容は以下の通りである。

　Ｘは、Ｘの直属の上司であるＹ課長から「業務のことで相談があるが会社の外で話したい。本日の終業後に食事に行けないか。」と言われ、これに応じた。その晩、ＸとＹは性交渉を持つに至ったが、Ｘは、「飲食店では隣に座ったＹから身体を触られた。」「飲食店を出た後、Ｙは、断るＸをしつこくホテルに誘ってきた。」「Ｙは自分が上司であることをちらつかせながら執拗に誘ってきたことから、断り切れなくなったＸはＹと共にホテルに入って、性交渉に応じることになってしまった。」と述べている。

　Ａ社としてはどのように対応すべきか。

---

①　相談窓口担当者の対応

●相談窓口の初動

　上記事例のような申告が入ったら、まずは相談窓口担当者が、Ｘから話を聞き取り、Ｘとしてはどうしてほしいのかを確認する必要があります（調査を行ってＹを処分してほしいのか、すぐに部署を離してほしいのか、抱え込んでいられずに相談窓口に申告したものの、まだ具体的な意向の整理がついていないのか等）。

　セクハラの被害者の場合、話の内容がセンシティブであるため、相談担当者は異性ではなく、同性にした方が被害者に安心感を与えられます。

　そのため、本事例では、Ｘから事情を聞き取る担当者としては女性を選任した方がよいということになります。

　なお、ヒアリングにあたっては、「いつ」「どこで」「誰が」「何を」「なぜ」「どのように」行ったのかという5W1Hを意識して具体的な事実関係を聞き取って下さい。

●被害者から事情や意向を聞く際の留意点

　相談窓口担当者は（ここでは「Ｚ」とします。）、Ｘから事情と意向を聞き取るにあたって、まずはＸを安心させるために、秘密は保持されることを伝えましょう。

　そのうえで、Ｘを急かさずにゆっくりと話を聞いてＸの気持ちを落ち着かせて下さい。

　ひと通り、事情と意向を聞き取ったら、Ｘに対し、今後の流れを説明します。Ｚは、不祥事調査の管轄部署（本件のＡ社では、管轄部署は人事部であるとの前提で話を進めます。）にＸの申告内容について報告すること、当該報告を受けて管轄部署において本件に関する調査を実施するかどうかが決められること、管轄部署ないしは調査者からＸに対し連絡が入ると思われること等、Ｚから人事部への報告から本格調査までの流れを簡潔に説明すれば、被害者も安心するでしょう。

　この際、Ｘが被害事実の拡散を恐れて本格調査に進むのは抵抗があると述べることも考えられますが、そのような場合、Ｚとしては、Ｚのもとのみで情報を止めるべきなのか、Ｘに対し、管轄部署への報告につき説得するのか、悩ましいケースがあるかもしれません。

　この点、筆者としては以下のように考えています。

　もちろん、被害者の意向は尊重されるべきですが、相談窓口担当者個人の判断で情報を止めてしまうと、組織としての判断ができず、万が一、その後にセクハラが繰り返されて被害が拡大してしまったときに、企業としては「一度、相談窓口に申告が入っていたのに事態を把握していなかった。」と見られることになってしまうでしょう。

　そのため、相談窓口担当者は、基本的には、不祥事調査の管轄部署（仮に相談窓口が不祥事調査の管轄部署内にあるのであれば、上長）に対し、申告内容については全て報告し、管轄部署においてその先の動きを検討すべきだと考えます。

　したがって、Ｚとしては、「管轄部署に報告はするが、Ｘの意向は十分に伝えるので、Ｘが心配するような情報拡散に至ることはない。」旨、よく説明し、管轄部署に報告することを説得すべきです。

②　社内調査チームの発足

相談窓口担当者から不祥事調査の管轄部署に被害申告につき報告がなされると、社内調査チームを発足することになります。

もちろん、単なるクレーム扱いで処理できるような申告についてまで調査を実施する必要はありませんが、本事例においては、Xが述べていることが事実だとすれば、Yにはしかるべき処分を与えなければいけませんし、これ以上、被害が拡大しないようにするためにも、社内調査チームを発足し、速やかに調査を開始すべきでしょう。

本事例では、社内調査チームに女性メンバーを入れて、Xの話を聞きやすくし、女性メンバーがXに寄り添う役割を担うというのがスムーズだと思います（社内調査チームのメンバー選定の総論については本書第2章第2　1⑵（40頁）参照）。

また、セクハラ事案は、被害者にとっても加害者にとってもプライバシー性の高い情報を取り扱うことになるため、社内調査チームの人数は必要最低限の人数に限定すべきですし、社内調査チームのメンバー内でもプライバシーに配慮するよう意識を統一しておく必要があります。

図表20　セクハラの申告があった場合の対応

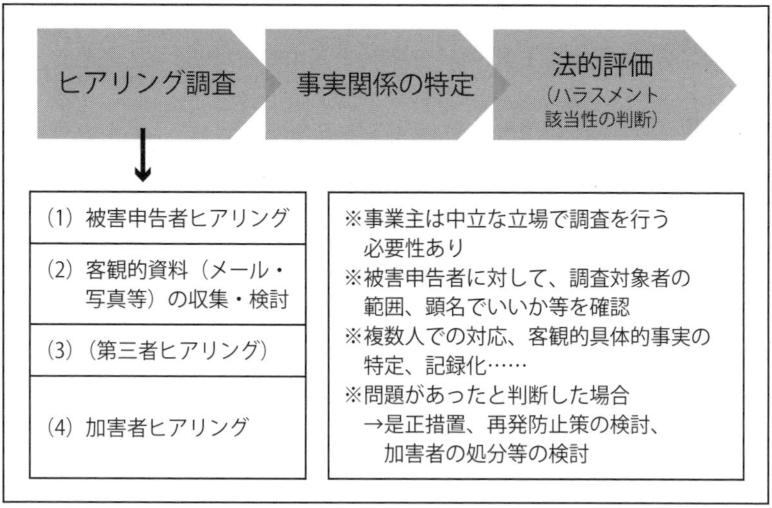

③　被害者からのヒアリングと資料の収集

　まずは、被害者であるXのヒアリングを実施し、社内調査チームとして事案の内容を把握します。聞き取りは女性メンバーを中心として行うとよいでしょう（なお、ヒアリング全般についての留意点等については、第2章第4「調査方法」（59頁）参照）。

　XとYが性交渉に至った当日のことだけでなく、業務上の接触が出るようになったのはいつからか、Yとのやり取りの中で上司部下の関係を超えて違和感を覚えるようになったのはいつ頃からか、Yとのこれまでの関係がどのようなものだったのか等、時系列を特定して話を聞いていきます。

　また、本件は、目撃者の存在が期待できませんので、当事者の言い分とこれを裏付ける資料だけが証拠となります。そのため、Xの話を聞きながら、YとのメールやLINEのやり取りを確認させてもらい、必要があれば写真に撮る等して客観的な資料も収集していきます。

【被害者ヒアリングの留意点】

▶じっくりと話を聞くこと

　セクハラの被害者は、心理的に傷ついていることが多いため、感情的になったり、言葉に詰まったりするような場面が出てくると思いますが、調査者としては、なるべくじっくり被害者の言い分を聞くようにするべきです。さっさと話を進めようとすると、被害者が「形式的なことしか聞かれなかった」とか「大事な部分を聞いてくれなかった」と感じてしまうこともありうるため、調査者は、被害者の話すリズムをなるべく崩さないように話を促しましょう。

▶二次被害を発生させないように気を付けること

　セクハラは非常にセンシティブな事柄ですので、セクハラに至る経緯やセクハラ行為の内容について調査者が聞き取りを行う際、配慮のない聞き方をすると、被害者がさらに辱められたと感じてしまうこともあります。

このような二次被害を発生させないよう、調査者は細心の注意を払って、言葉を選んで事実確認をして下さい。

▶被害者に非がある等と調査者の評価を述べないこと

ヒアリングはあくまで「事実関係の確認」です。話を聞いているうちに調査者が「被害者にも落ち度があるのではないか」と感じることもあるかもしれませんが、事実認定や法的評価は、ヒアリングや資料の収集が終わった後に行うものです。また、ヒアリング中に「それはあなたにも落ち度がありますね。」等と伝えると、被害者としてはさらに感情的になることが想定されますし、「きちんと話を聞いてくれない」と思ってしまったら、それ以上、話すことをやめてしまうかもしれません。

最後まで調査をやり切ってから結論を出せるようにするためにも、ヒアリング中は、調査者の個人的な主観は排除し、評価は述べず、淡々と事実確認をすることが重要です。

▶「同意」があった可能性を念頭に置いておくこと

1対1のセクハラ事案の場合、目撃者がおらず、当事者の供述が重要な証拠になるわけですが、恋愛感情のもつれから、被害者が加害者に対する腹いせのために、半ば強制的に性行為に持ち込まれたと虚偽の申告をするケースも存在します。

もちろん、被害者の言い分を真摯に聞くことは重要なのですが、仮に同意のもとで恋愛関係に入り、性交渉に至っているとすれば、当該恋愛自体は企業の業務執行権の範囲外の話です（ただし、相談窓口に申告が入っていること自体、恋愛関係が企業の規律維持に支障をきたしているといえますので、何らかの処分の対象になることはありえますが、半ば強制的に性交渉を行った場合と比較すると、事案の性質が全く異なってきます。）。

そのため、Xの言い分だけを聞いて、申告されている事実があったと決めつけるのではなく、供述に矛盾がないか、客観的な資料と合致しているか等に気をつけながら、「Xの言い分」がどのようなものかを冷静に聞き取って下さい。社内調査チームはあくまで「公正に調査する」組織である

ことを忘れないようにする必要があります。

▶調査の進め方と被害拡大防止措置に関する被害者の意向を確認すること

　被害者からのヒアリング後、資料収集まで終わったら加害者のヒアリングを実施することになりますが、Ｘの名前を出して被害申告があったということをＹに告知してよいかを確認しておく必要があります。この確認なしに調査を進めてしまうと、後で被害者から社内調査チームの調査によって二次被害を被ったと言われるリスクがあります。また、Ｘの名前を出さないまま調査を進めても、調査者がＹから事実確認をすることは困難であり、中途半端な調査で終わってしまいます。

　そのため、調査者はＸに対し、「調査を進めるためには加害者であるＹに対して、Ｘの名前を出して被害申告が出ていることを伝える必要がある。」と説明し、Ｘから被害申告が出ていることをＹに伝えることの了承を得ましょう。

　また、被害拡大防止のため、被害者に対して、調査が終わるまでの間、今までどおりに業務遂行できるのか、Ｙと引き離した形で業務遂行できる形を作った方がよいのかの意向も確認し、必要があれば、ＸないしはＹに一時的に別の業務を命じる等して、２人を引き離す措置を取ることも検討しなければいけません。

　そのほか、被害者に対する配慮の措置として、被害者のメンタルヘルスに関する相談対応や産業医への受診の指示を出すことなどが考えられますので、この点についての被害者の希望も確認しておくとよいでしょう。

④　被害拡大の防止

　被害者からひと通りの話を聞いたら、まずは現状の問題を是正し、被害拡大を防止する措置について検討することになります。

　本件のようにセクハラの被害者と加害者が直接の上司部下という関係性の場合、今まで通りに業務を続けさせると、職場において両者に接点が発生し続けることになります。

被害者からすれば、加害者と一緒に業務を遂行することは苦痛でしょうし、加害者も近くに被害者がいれば、また何らかのセクハラ行為を行ってしまうかもしれず、そうなれば二次被害が発生してしまいかねません。

　そのため、先ほど述べたように、被害者からの最初のヒアリングの際に業務の実施状況を確認し、暫定的な措置として、調査が終わるまで一時的にXかYの業務内容を調整する等して、両者を引き離すことを検討する必要があります。また、上記のメンタルヘルスケアとしての産業医への受診等をさせることにより、被害者の精神的な損害を緩和することも選択肢の1つとして考えておくべきです。

　この点、企業が漫然とこれらの措置を講じずにいると、企業の対応が職場環境配慮義務違反にあたるとして損害賠償請求が認められてしまうこともあります。

　裁判例においても、被害者が企業に対し、セクハラに関して問題の是正を訴えているのに、企業が実行的な対応をしなかったことに対して損害賠償を認めているケースがいくつもありますので [17]、被害拡大防止措置は迅速・的確に実施しなければなりません。

⑤　加害者からのヒアリング

●加害者ヒアリングの順番

　被害者からのヒアリングを終え、収集したXY間のやり取りの記録等の資料を検討したら、加害者のヒアリングを実施します。

　加害者からのヒアリングは、調査の終盤、つまり関係者のヒアリングと客観的な資料の収集・検討が終わってから実施するのが原則です。

　理由は、証拠隠滅を防止するためです。

---

17) 病院に勤務する女性看護師が男性上司から臀部を触られたり卑猥な言葉を言われたりするので、主任に対し、当該男性上司と一緒に夜勤に入りたくない旨、伝えたところ、主任は「注意する」と述べたものの、結局、注意はしなかった。女性看護師が婦長にこのことを申告したところ、ようやく女性看護師と男性上司は一緒の勤務にしないよう措置がなされ、事情聴取や懲戒処分等の対応がなされたという事案で、主任が女性看護師の申告を聞いておきながら注意しなかったこと等から、職場環境配慮義務を尽くしたとはいえないとして使用者に損害賠償責任が認められた（三重セクシュアル・ハラスメント（厚生農協連合会）事件（津地判平成 9.11. 5 労判 729 号 54 頁）等。

　セクハラの加害者に先にヒアリングを実施し、セクハラ行為について調査がなされていることを加害者が知ってしまうと、関係者や被害者に接触し、自分に不利な供述をしないように働きかける可能性が出てきます。仮に加害者が社内の役職者等であった場合、周囲への影響力も強いと考えられますので、後に関係者や被害者から話を聞いたときに供述が捻じ曲げられてしまうリスクがあります。

　また、加害者に不利益な供述をしないように働きかけるわけではなくても、被害者に先に謝罪しようとするなど、被害者に接触しようとすることも考えられますが、被害者としては、このような接触を望まないことが多いです。

　そのため、証拠隠滅を含む加害者の行動を誘発しないために、加害者ヒアリングは終盤に実施するべきなのです。

　社内調査チームとしては、加害者にセクハラ調査が実施されていることを知られないうちに可能な限り証拠を固め、最後に加害者とのヒアリングに臨む、という形を取ることになります。

●セクハラ事案における第三者ヒアリング

　本事例では目撃者がおらず、被害者と加害者のみのヒアリングを実施することになりますが、仮に目撃者がいたり、Ｘの供述の中から事情を知っている者の名前が出てきたりした場合には、加害者ヒアリングの前に第三者ヒアリングを実施することもあります。

　もっとも、セクハラの場合、事情がセンシティブな内容であるため、第三者ヒアリングを実施するとしても、当該第三者にヒアリングを実施していいかどうかにつき、必ず被害者の承諾を取っておく必要があります。

　セクハラ事案の場合、必要性の高くない第三者のヒアリングはなるべく実施しないようにし、最低限のヒアリング人数で終わらせることを心がけるべきでしょう。

【加害者ヒアリングの留意点】

▶先入観を持たずに事実確認すること

　被害者から詳細な話を聞くと、どうしても加害者が被害申告通りのセクハラ行為をやったのではないかと先入観を持ってしまいやすくなります。しかし、調査者が一定の先入観を持った状態でヒアリングを実施すると、加害者が、調査者の意に沿わない供述をしたときに、無理にその供述を変えさせようとしたり、加害者の話の中に出てくる真実発見の糸口を見落としてしまったりするリスクが出てきます。

　社内調査チームとしては、このようなリスクは排除して、公正に客観的に調査を実施するべきですので、Xの供述はあくまで「被害者の言い分」として捉えて、「YはXにセクハラを行った人物である」という先入観を極力持たずにヒアリングに臨む必要があります。

▶まずは資料を示さずに経緯を語らせること

　調査者としては、既に被害者からのヒアリングや客観的な資料収集を終えて手元に一定の証拠があるわけですが、加害者に最初から被害者の言い分の詳細や裏付け証拠を見せつけていくというのは望ましくありません。

　このようなやり方をすると、加害者は「調査者は自分がセクハラの加害者だと決めつけている」と感じることも考えられ、不必要に警戒心を抱かれたり、真実を話すことを妨げたりすることにもなりかねません。

　そのため、まずは調査が実施されることになった経緯を説明するとともに被害申告の概要を伝え、Yの言い分を聞くことから始めましょう。

　Yの話の中で客観的な資料と矛盾するような点があれば、後でタイミングを見計らって指摘し、Yの反応を見ればいいと思います。

▶ヒアリングはあくまで事実確認の場であること

　加害者ヒアリングは、加害者に非を認めさせることが目的なのではなく、あくまで事実確認をすることが目的です。

　加害者が不合理な内容を述べたり、客観的な資料と矛盾した供述をする

ことがありますが、矛盾を指摘したり、追及して非を認めさせようと躍起になる必要はなく、淡々と事実を確認していって下さい。

　加害者の供述が客観的な資料と矛盾している場合、その矛盾を指摘し、単なる言い間違えなのかを確認したり、矛盾している理由を確認したりすることは有益な作業になりますので、調査者は、具体的な供述を引き出すため、感情的にならず、冷静にヒアリングを進める必要があります。

▶加害者にも客観的な資料の提供を求めること

　本件では、XとYが性交渉に及んだことにつき、同意があったか否かによって、事案の性質が全く異なってきます。

　仮に恋愛感情がもつれてXがYに対する腹いせで被害申告をしているとすれば、背景にXとYが交際していた経緯があったり、XがYに対して好意を寄せていたという経緯があったりすることも考えられます。

　Yのヒアリングをするにあたって、「Xの同意のうえで性交渉に至った」という話が出てくるのであれば、それまでのXとYとの関係性を窺わせるLINEやメールのやり取り等の資料をYから提供してもらうべきでしょう。

⑥　事実認定と法的評価

　加害者のヒアリングまで完了したら、次は事実認定です。

　社内調査チームが収集したヒアリング結果や客観的な資料を基に、「どのような事実が存在したと認められるか」を検討します。

　まずは客観的な資料に基づいて動かぬ事実関係を特定し、被害者供述と加害者供述にはどのような裏付け資料があるかを確認したうえで、どちらの言い分の方がより合理的で信用できるのかを考えていく必要があります。

　事実が確定したら、その認定した事実を法的に評価します。

　セクハラは「相手の意に反した性的言動」のことをいいますが、本事例では、Xが嫌がっていたのにYがXの身体を触ったり、執拗に性交渉を求

めたりして、それを実行したということであれば、セクハラに該当し、懲戒処分の対象になるだけでなく、強制わいせつ罪等の刑法犯に該当する可能性すらあります。

一方、XとYに交際歴があることが明確であり、Xの供述よりもYの供述の方が信用できるという場合は、Yにセクハラ行為はなかったという認定がなされることになり、事の成り行きをXに弁明させ、企業の相談窓口をこのような形で利用しないように注意指導することになります。

これらに対し、XとYが一定程度親密であったことが窺われ、両者合意のもとで性交渉に至ったようにも思えるものの、Xが全て嘘をついているようにも思えないし、加害者であるYの言い分を確定的に信じることができるわけでもない…という悩ましい事態になることがあります。

このような場合、まずは「被害申告されている事実が認定できるか」という観点で見ていくことになります。調査の結果、Xの被害申告である「Xが嫌がっているのにYがXの身体を触った。」「執拗に性交渉を求めてきたため、やむなく性交渉をするに至った。」という事実は認定できなかったとすると、他にYのXに対するセクハラ行為として認定できる事実がない限り、本件ではYのセクハラ行為は認定できなかった、という結論にならざるをえません。

企業は、社内調査チームが認定した事実をもとに懲戒処分等を検討していくことになるわけですから、根拠薄弱な事実認定をするわけにはいかず、十分に根拠がある事実のみを認定すべきことになります。

このような展開になると、Xが調査結果に納得しない、ということもありますので、企業としては、Xに対して丁寧な対応をすることが求められます。

資料収集やヒアリングまでは完了したとしても、集めた情報から、事実認定や法的評価を行うことは非常に難解な作業になります。また、法律家ではない一般の従業員のみでこれらの作業を行った場合、後々、調査結果を争われたときの責任の所在をどう考えるかという問題もありますので、

やはり社内調査チームには専門家を入れて責任の一端を担ってもらったうえで、適宜、協力を仰いでおくべきだといえます。

⑦　加害者の処分と再発防止策の検討

加害者をどのような処分にするかついては、社内調査チームの報告を受けて、改めて人事で決定することになります。

ハラスメント事案において、どのような重さの懲戒処分とするかを判断するにあたっては、一般的に、行為の態様、被害の程度、加害者の反省状況等の要素で判断しますが、セクハラ事案においては、身体的接触の有無は重要な考慮要素になります。その他、セクハラ行為の回数、頻度、程度、期間、被害者の被害の程度、といった事情を総合的に考慮してどの重さの懲戒処分にするかを決定します。

社内調査チームが最後に検討すべきこととして、再発防止措置があります。

セクハラは個人の性格等によって引き起こされるケースが多いですが、企業としてセクハラを絶対に許さないというメッセージを従業員に対して伝えるため、経営陣から従業員全員に対してセクハラ禁止の徹底と違反した場合は厳罰化することを周知することが考えられます。

また、管理職も含めた従業員の意識向上のための研修を定期的に実施する等の措置も有効でしょう。

3　パワハラの調査

⑴　パワハラとは

ア　パワハラの概念

　パワハラは、従来、法律上の定義はなされていませんでしたが、2019年に成立した改正労働施策総合推進法により、「職場において行われる優越的な関係を背景とした言動であって、業務上必要かつ相当な範囲を超えたものによりその雇用する労働者の就業環境が害されること」という定義づけがなされました（同法30条の2）。

　このパワハラに関しては、厚労省が指針を出すことによって、その内容の詳細を説明しています（令和2年厚労省告示第5号：以下、「パワハラ指針」といいます。）。

　指針は行政解釈であり、裁判所の判断を拘束するものではありませんが、所轄省庁が出した解釈指針ですから、内容を把握しておく意味もかねて、パワハラ指針を引用しながらパワハラについて説明していきます。

　以下の図表は、①優越的関係を背景とした、②業務上必要かつ相当な範囲を超えた言動、③労働者の就業環境が害されるというパワハラの3つの要素について、パワハラ指針の説明を参照して作成したものです。

図表21　職場におけるパワハラの3要素

①　優越的な関係を背景とした言動
当該事業主の業務を遂行するに当たって、当該言動を受ける労働者が行為者に対して抵抗又は拒絶することができない蓋然性が高い関係を背景として行われるもの （例） ・職務上の地位が上位の者による言動 ・同僚又は部下による言動で、当該言動を行う者が業務上必要な知識や豊富な経験を有しており、当該者の協力を得なければ業務の円滑な遂行を行うことが困難であるもの ・同僚又は部下からの集団による行為で、これに抵抗又は拒絶することが困難であるもの等

② 業務上必要かつ相当な範囲を超えた言動
社会通念に照らし、当該言動が明らかに当該事業主の業務上必要性がない、又はその態様が相当でないもの

③ 労働者の就業環境が害される
当該言動により労働者が身体的又は精神的に苦痛を与えられ、労働者の就業環境が不快なものとなったため、能力の発揮に重大な悪影響が生じる等当該労働者が就業する上で看過できない程度の支障が生じること 　この判断に当たっては、「平均的な労働者の感じ方」、すなわち、同様の状況で当該言動を受けた場合に、社会一般の労働者が、就業する上で看過できない程度の支障が生じたと感じるような言動であるかどうかを基準とすることが適当

　パワハラ指針において、「①優越的な関係を背景とした」というのは、「当該言動を受ける労働者が行為者に対して抵抗又は拒絶することができない蓋然性が高い関係を背景として行われるもの」と堅い表現で定義されているのですが、これは職場での人間関係が広く含まれています。

　職務上の地位を背景にしている場合に限らず、専門知識における優位性や集団を形成することによる優位性等様々なものが含まれ、上司から部下に対して行われるものに限らず、先輩・後輩間や同僚間、部下から上司に対して行われるものも含まれます。

　部下が上司に対して優越的な関係を持つ場合というのは、例えば、部下が業務上必要な知識や豊富な経験を有しており、その部下の知識・経験がないと円滑な業務遂行ができないという場合や、部下が集団で上司に対して言動を行い、これに抵抗・拒絶することが困難な場合等が考えられます。

　次に、「②業務上必要かつ相当な範囲を超えた言動」というのは、「社会通念に照らし、当該言動が明らかに当該事業主の業務上必要性がない、又はその態様が相当でないもの」と定義されていますが、業務上必要な指導を、相当性を欠くとはいえない範囲内（表現内容、回数、態様等の要素で判断）で行う言動は、相手がどう受け取るかに関わらず、パワハラに該当

しないことを押さえておく必要があります。

　セクハラが「内心の意に反していたらアウト」であることとの違いを意識したいのですが、パワハラは相手の受け取り方が問題になるのではなく、当該言動を客観的に見てパワハラに該当するかどうかの判断がなされるのです。

　「③労働者の就業環境が害される」とは、「当該言動により労働者が身体的又は精神的に苦痛を与えられ、労働者の就業環境が不快なものとなったため、能力の発揮に重大な悪影響が生じる等、当該労働者が就業する上で看過できない程度の支障が生じること」と定義されており、その判断にあたっては、「平均的な労働者の感じ方」を基準にするものとされています。

　そのため、非常にメンタルが弱い従業員がちょっと厳しく指導されたことに対して過剰に反応し、精神的ダメージを受けましたと訴えたとしても、直ちに「就業環境が害された」ことになるわけではありません。当該従業員の主観を基準にするのではなく、あくまで「平均的な労働者の感じ方」を基準にして、当該従業員の就業環境が害されたかどうかを判断することになります。

イ　パワハラの行為類型

　パワハラの該当性判断は、セクハラ該当性の判断に比べて難しいと言われています。セクハラは本来職場に持ち込むべきでないことが明らかなものであることから、ある行為がセクハラに該当するかどうかというのは誰が見ても分かりやすいのに対し、パワハラは、業務指導の延長線上でなされることが多いため、どこに線引きをして当該行為のパワハラ該当性を判断すればいいかが非常に悩ましいのです。

　パワハラ指針では、国民がなるべくパワハラの概念をイメージしやすくするために、典型的なパワハラの類型として6類型を挙げて、各類型におけるパワハラ該当例等を示しています。

図表 22　パワハラの行為類型

図表 22 を簡単に説明していきます。

①身体的な攻撃としては、暴行・傷害が挙げられますが、この類型は、誰の目から見てもパワハラにあたるというのが分かりやすいと思います。

社内の人に暴行を行ったり、傷害を負わせたりした場合、その行為が業務の遂行に関係するものであったとしても「業務上必要かつ相当な範囲」には含まれず、パワハラに該当します。

②精神的な攻撃には、脅迫・名誉毀損・ひどい暴言等があります。実務上、この類型が問題となることは非常に多く、厳しい注意指導がなされている場合、当該言動が「精神的な攻撃」に該当するか否かの判断に悩むことがあります。

業務指示は指示命令である以上、命令口調になってしまうことがあるのはやむをえないですし [18]、従業員が再三の注意に従わない場合や、重大な

---

18)「職務命令は命令であることから、これを命令口調で行ったとしてもこれが直ちに不法行為を構成するとはいえない」とした裁判例として、東京地判平成 21.12.22 があります。

問題を起した場合には、強い口調で注意をすることもあるかと思いますが、必要な注意指導については萎縮せずに行うべきです。

一方、パワハラ指針では、②の類型に該当すると考えられる例として、人格を否定するような言動を行う場合や、必要以上に長時間にわたる厳しい叱責を繰り返し行う場合、他の従業員の面前における大声での威圧的な叱責を繰り返し行う場合等を挙げています。

この類型はパワハラ該当性の判断が難しいですが、業務指示として客観的に見たときに、必要かつ相当な指示・叱責の態様となっているかどうかをケースバイケースで判断していくしかありません。

③人間関係からの切り離しには、隔離・仲間外し・無視が挙げられます。同じ組織内にいるのにいないかのように扱ったり、村八分のように仲間外しにしたりすると、これを行われた相手は人格的な尊厳や名誉感情を傷つけられますので、パワハラに該当することになります。

④過大な要求は、イメージしにくいと思いますが、パワハラ指針では、過大な要求に該当すると考えられる例として、長時間にわたり、肉体的苦痛を伴う過酷な環境下で勤務に直接関係のない作業を命じる場合や、新卒採用者に対し、必要な教育を行わないまま到底対応できないレベルの業績目標を課し、達成できなかったことに対し厳しく叱責する場合等を挙げています。

⑤過少な要求は、業務上の合理性がなく、能力や経験とかけ離れた程度の低い仕事を命じることや仕事を与えないことをいいますが、例えば、パワハラ指針では、管理職である従業員を退職させるため、誰でも遂行可能な業務を行わせることが該当例として挙げられています。

退職させるための嫌がらせで営業職の従業員に1日中シュレッダーによる書類の破棄だけをやらせる場合等も過小要求の類型に該当するでしょう。

一方、従業員の能力に応じて業務内容や業務量を軽減する場合や、単純

作業であっても業務上の必要があって当該従業員にこれを行わせる場合等、業務上の合理的理由がある場合にはここでいう過小要求には該当しません。

　⑥個の侵害は、私的なことに過度に立ち入ることをいいます。

　パワハラ指針では、従業員を職場外でも継続的に監視したり、私物の写真撮影をしたりすること及び従業員の性的指向・性自認や病歴、不妊治療等の機微な個人情報について当該従業員の了承を得ずに他の従業員に暴露することが該当例として挙げられています。

　いくら仲がよくても職場の人間関係なわけですから、プライベートなことに立ち入りすぎるべきではないですし、プライベートな情報を拡散して、当該従業員の職場環境に悪影響を及ぼすようなことはするべきではないということです。

　一方、該当しない例としては、従業員への配慮を目的として、従業員の家族の状況等についてヒアリングを行うこと、従業員の了解を得て、当該従業員の性的指向・性自認や病歴、不妊治療歴等の機微な個人情報について、必要な範囲で人事労務部門の担当者に伝達し、配慮を促すことが挙げられています。

　従業員の個人情報取扱規程の有無、当該規程の内容の合理性、規程違反がないかということは重要な考慮要素ですが、情報を取り扱っている者に悪意や害意がないかといった主観的な目的もパワハラ該当性の判断要素になってきます。

　このように指針ではパワハラ行為の類型分けがされていますが、個別の言動が業務上必要かつ相当な範囲に収まっているかの判断は容易ではありませんので、事案ごとに加害者の言動の経緯、内容、意図、他の従業員の認識、被害者の認識、被害の性質・程度等の事情を丁寧に見ていってパワハラ該当性を判断することになります。

　ここまで述べてきた「パワハラとは」の知識と理解を踏まえると、どの

ような事実が重要で、どのような事実はパワハラ判断とは関係が薄いのかが分かり、調査の的確性が高まると思います。

(2) 具体的な調査の流れと留意点

以下の事例をもとに、調査の具体的な流れを見ていきます。

　A社のB事業所長Yは非常に気性が荒く、感情的になると部下に対して大声で叱責することが度々あった。

　B事業所営業部の営業職社員は10名であるが、毎月1回、Yと営業職社員によって月次の営業部会議を開催し、営業部全体の売上や、各営業職社員の営業成績の確認、次月の目標設定等を行っていた。

　2021年3月の営業部会議の席上、個別の営業職社員の売上を確認していたYは、Xの営業成績が芳しくないことに激昂し、Xに対し、「何だこの営業成績は！」「お前だけ断トツに数字が低い。」「こんな数字しか出せないのであれば、うちの会社には不要だ。」「辞めてしまえ。」等と怒鳴りつけ、時折、机を手で叩きながら、約10分間にわたって大声で叱責した。

　Xは、日頃からYによる厳しい叱責にストレスを感じていたが、上記会議の席上での叱責を受けて精神的に落ち込み、A社のパワハラ相談窓口に相談した。

　A社としてはどのように対応すべきか。

パワハラ調査は、セクハラ調査と類似した調査過程を踏んでいきますが、セクハラと比べると、パワハラ行為の目撃者が存在しているケースが多い点に違いがあります。

そして、パワハラ該当性は被害者の主観に依拠せず客観的に判断するのですが、同じパワハラ的言動を目撃していても、被害者の受け止め方と第三者の受け止め方が異なることが多いのはもちろん、同じ場面を目撃した第三者同士であっても、人それぞれ受け止め方が異なることがあり、パワ

ハラに該当するか否かの判断が非常に悩ましいケースがあります。

　そのため、目撃者が複数人いるパワハラ事案の場合は、第三者ヒアリングとその供述の評価が重要な作業になることがあります。

図表23　パワハラの申告があった場合の対応

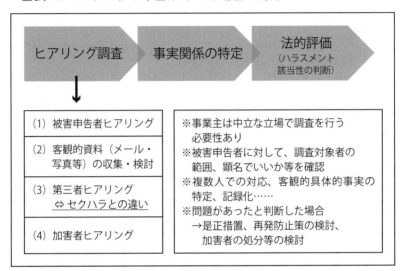

①　相談窓口担当者の対応

　相談窓口担当者の対応は、基本的には上記2(2)（116頁）で述べたセクハラ事案の対応と同様です。

　担当者は、Xに対し、秘密は保持されることを告げたうえで、5W1Hを意識しながら事実関係を聞き取り、Xが何を求めて相談窓口にきたのかという意向を確認します。

　被害者から事情や意向を聞き取る際の留意点については、上記2(2)（116頁）を参照下さい。

②　社内調査チームの発足

　相談窓口担当者から不祥事調査の管轄部署に被害申告の報告がなされたら、社内調査チームを発足します。

Xの申告内容が真実だとすれば、「うちの会社には不要」「辞めてしまえ」等、明らかに業務指導の範囲を超えた発言がなされていますので、パワハラの存在が強く疑われます。

そのため、A社としては直ちに社内調査チームを発足して調査を開始すべきです（社内調査チームのメンバー選定の総論については本書第2章第2　1⑵〔40頁〕参照）。

③　被害者からのヒアリングと資料収集

パワハラの場合もセクハラと同様、まずは被害者ヒアリングを実施して事案の内容を把握します。

パワハラ事案では、日々の厳しい叱責や嫌がらせの積み重ねが問題になる類型（以下、「積み重ね型」といいます。）と、ある日の特徴的なエピソードが問題になる類型（以下、「エピソード型」といいます。）がありますが、前者の積み重ね型のみが問題となっている場合、個別の言動についての裏付けを収集するのが困難だったり、個別の言動を1つずつ取り上げても、それだけでは業務指導の範囲内なのかパワハラに繋がるかが判別困難だったりするケースが多く、パワハラの認定にまで至れないことがあります。

そのため、積み重ね型の場合は、被害者と加害者の人間関係や被害者・加害者と他の従業員との人間関係、事業所全体の風土等、細かい事実を丁寧に確認していく必要があります。

一方、後者のエピソード型では、その日のその言動があったことの証拠を収集すればいいということになりますので、積み重ね型と比べて調査はしやすいといえるでしょう。

本件では、Yは日頃から部下に厳しい叱責をしているようではありますが、Xの被害申告に基づいて調査を実施するわけですので、パワハラ該当性を判断するにあたっては、まず、営業部会議でのYの言動があったかどうかという点が調査の主な対象になってきます。この場合、Yの日頃の厳しい叱責に関する事情は、営業部会議でのYの言動の背景事情として聞き取っていくことになりますが、日頃の叱責の中にもパワハラ的な言動があると判断した場合には、当該言動についても第三者や加害者に対して事実

の有無を確認していくことになります。

　資料収集についてですが、パワハラ事案の場合、客観的な資料が乏しい
ケースが大半です。

　叱責されているときの録音があったり、メールでパワハラ的言動を行っ
ていて記録が残っていたりする場合はいいのですが、そう都合よく録音や
メールの記録が残っていることはあまりありません。問題となる言動がな
された日に被害者が日記等をつけているような場合は、信用性のある資料
として使えることがありますが、問題となる言動の証拠はヒアリング結果
のみというケースも非常に多いです。

　もっとも、パワハラ的言動を裏付ける資料はなくても、事案の背景事情
を把握するための資料は収集するべきです。

　例えば、被害者と加害者の業務上の接点を把握するために両者の勤務歴
が分かる資料はあった方がいいですし、日常業務の際の位置関係やパワハ
ラ的言動がなされたときの位置関係を知るために執務スペースの図面等が
あると、調査者も具体的な場面のイメージを描きやすくなります。

【被害者ヒアリングの留意点】

ヒアリング全般の留意点については、第2章「第4　調査方法」（59頁）のとおりです。その中でも特に「5　ヒアリングのポイント」（68頁）を押さえて実施して下さい。

また、被害者ヒアリングの留意点のうち、「▶じっくりと話を聞くこと」「▶二次被害を発生させないように気を付けること」「▶被害者に非がある等と調査者の評価を述べないこと」「▶調査の進め方と被害拡大防止措置に関する被害者の意向を確認すること」については、セクハラの場合と同様です（上記2(2)③（119頁〜121頁）参照）。

そのほか、パワハラ調査では以下の点に留意して下さい。

▶パワハラ的言動がなされた時点・場面の特定を意識すること

パワハラ事案においては、加害者の特定の言動の有無が問題となります。

加害者の当該言動が録音でもされていればいいのですが、多くの場合、被害者、第三者（目撃者）、加害者の供述から、当該言動の有無を判断することになります。そのため、被害者から被害事実を聞き取った後は、その聞き取り結果をもとにして、第三者に当該言動を目撃したかどうかを聞き、最後に加害者に対して当該言動を行ったかを聞いていくことになります。

ここで気をつけたいのは当該言動が「いつ、どのような場面でなされたものであるか」です。

仮に被害者からの聞き取り内容が「Yから『うちの会社には不要だ』『辞めてしまえ』と大声で怒鳴られた。」という内容だけだった場合、いつのことなのか、どのような場面での出来事だったのかが分かりませんので、目撃者も特定できませんし、第三者や加害者に対してヒアリングを実施する際にも具体性を欠く事実の聞き取りをすることになってしまいます。

したがって、Xには、いつ、どのような場面でそのような言動を言われたのかを確認します。そして、それが2021年3月の営業部会議でXの営業成績が問題とされたときのことだということが特定できれば、当該会議

に出席していた者を目撃者としてヒアリング対象者にすべきということになりますし、第三者・加害者ヒアリングにおいても具体的な場面を前提として事実確認ができますので、聞かれた方も回答がしやすくなるのです。

▶他の従業員との関係や日頃の加害者の言動についても確認すること

パワハラ事案においては、特定の言動の有無のみにフォーカスするだけでは問題の実態を掴み切れません。

当該加害者が日常的にどの部下に対してもパワハラ的な言動を取っているケースもあるでしょうし、特定の人だけを狙って嫌がらせをしているケースもあります。また、普段は物腰が柔らかく、非常識な態様での叱責をしない人物が突如パワハラ的言動を行ったとすれば、何か特別な理由があったのかもしれません。事業所全体の指揮命令が全体的に高圧的で、平常時も言葉遣いが悪いというケースもあります。

そのため、被害者から事実関係を聞き取る際には、事業所全体の雰囲気や加害者と他の従業員との関係性、加害者の日頃の注意指導、叱責の態様等、問題となっている言動がなされるに至った背景事情全体を丁寧に確認して、事案の実態を把握するようにしましょう。

なお、パワハラ事案においても、セクハラ事案と同様に、被害者から被害申告があったことを加害者に告げることについて被害者の同意を取っておくべきですが、第三者ヒアリングを予定している場合には、被害者に対し、第三者たる目撃者に対しても被害者からの被害申告の事実を告げることにつき、同意を得ておく必要があります。

④　被害拡大の防止

この項目も基本的にはセクハラの場合と同様です（上記2 ⑵④（121頁）参照）。

被害者と加害者が日常の業務で接触を続けると、さらに被害者が加害者からパワハラ行為を受けて被害が拡大するおそれがありますので、事案に

応じて、被害拡大を防止する措置を講じる必要があります。

　本件では、Xは営業職社員であり、Yは事業所長です。仮にXとYが月次の営業部会議以外の場面では特に接点がないというような場合は、Xの意向も確認したうえで、次回の営業部会議はXが本社から呼び出しを受けたような形を取って会議を欠席させ、Yとの接触を持たせないようにするという措置や、現場視察等の名目をつけてYの上長にあたる者を本社からB事業所に行かせて営業部会議に出席させ、Yのパワハラ的言動を抑制する措置等が考えられます。

　一方、XとYに営業部会議以外でも接触がある場合には、一時的にXに別の業務を命じて本社に勤務させる等の措置を取った方がよい場合もあるでしょう。

⑤　第三者からのヒアリング

　被害者ヒアリングを終えたら、2021年3月の営業部会議に出席していた者を特定し、誰のヒアリングを実施するかを決めます。

　A社B事業部の営業職社員は10名いますが、その10人全員が当該会議に出席していたとします。この場合、誰をヒアリング対象者にするかで悩むことがあるかもしれません。

　この点は、事案によって対応が異なることはあると思いますが、筆者としては、可能であれば、その場にいた者全員のヒアリングを実施すべきであると考えています。

　Yと営業職社員らとの関係性にもよりますが、Yは営業職社員全員との関係が悪いかもしれませんし、一定の者はYの子飼いの部下であるということもありえます。このあたりの事情は被害者ヒアリングでも聞き取っておくのですが、10人のうち、一部の者だけのヒアリングを実施して事実認定をした場合、パワハラの認定をしてもしなくても、調査後に被害者あるいは加害者から、「自分に不利なことを言う人からしか話を聞いていない」等と言われ、調査の公正性にケチがつくリスクがあります。

　そのような事態を避けるためには、念のため、その場にいた者全員に対

するヒアリングを実施しておく必要があるのです [19]。

【第三者ヒアリングの留意点】

▶「Yが加害者である」ことを前提とした聞き方はしないこと

　被害者の話を聞いた後だと、どうしても「Yが加害者である」という認識になりがちですが、全てのヒアリングを終えて事実認定、法的評価までなされて初めて「Yがパワハラを行ったか否か」が確定します。

　第三者ヒアリングをする際に、調査者が「Yが加害者である」ことを前提とした聞き方をすると、ヒアリングを受けている第三者も「Xはパワハラの被害者」「Yはパワハラの加害者」という図式に誘導されてしまい、供述のニュアンス等が歪められてしまうおそれがあります。

　調査者は、複数人に対して第三者ヒアリングを実施し、徐々にパワハラ的な言動があったかどうかにつき、心証を固めていくかもしれませんが、常に「これから事実認定をするためにヒアリングを行っている」ということを忘れないようにして、どのヒアリング対象者に対してもゼロベースでYの言動の有無を1つ1つ確認していく必要があります。

▶「どう感じたか」も確認する

　パワハラ該当性は、平均的な労働者を基準として客観的に判断しますので、せっかく複数人の第三者からヒアリングを実施するのであれば、Xが被害申告しているYの言動があったかどうか、声の大きさはどうだったか等の事実確認だけでなく、その言動を見ていた当該第三者がどう感じたかという点も確認しましょう。

　同じ言動を見ていても、「威圧的だと思った」「怖いと思った」「そんなにひどい言い方ではなかった」「Xの営業成績がひどすぎるのであれくらいはしょうがないのではないかと思った」等、人によって見方が分かれる

---

19) 調査協力義務がない従業員からヒアリングを拒否される事態は考えられますが、少なくともヒアリングの打診は行い、「全員からヒアリングしようとした」「可能な限りの調査は尽くした」という形にしておくことが肝要です。

ことはよくあります。

　人によって見方が分かれると社内調査チームとしては最後の判断に迷うので悩ましいところなのですが、一部の者だけの見方で判断するのではなく、その場にいた者それぞれの見方を全て踏まえたうえで判断を下す方がより適切で公正な判断に近づけることができます。

▶調査においてヒアリング対象者の名前を出す場合があることにつき承諾
　を取ること

　調査を実施している際、「そのことは誰から聞いたのか。」ということをヒアリング対象者から聞かれることがあります。

　もちろん、調査者としては、誰から聞いたかということは極力言わないようにしますし、本事例においても、営業部会議のことが問題になっており、複数名の者が同じ現場を目撃しているため、当該目撃内容を供述したのが誰かということを言わなければ、特定の供述者の名前が出ることはありません（もちろん、営業部の誰かが話したというレベルでは特定されることになります。）。

　しかし、パワハラ的言動が行われた際に目撃者が１人だけだったような場合、その供述内容から、必然的に目撃供述を話したのが誰かということが特定されてしまうことがあります。

　これは調査を進める以上、やむを得ないことですので、第三者ヒアリングをする際、当該ヒアリング対象者との関係で後々トラブルにならないよう、「調査を進める過程で、あなたからお話をお聞きしたということを言わなければならない、あるいはあなたがお話したということが分かってしまう場面があるかもしれない。」ということにつき、承諾を得ておきましょう。

⑥　加害者からのヒアリング

　パワハラ事案における加害者ヒアリングについては、セクハラ事案と同様になりますので、上記２(2)「⑤加害者からのヒアリング」（122頁）を

参照下さい。

⑦　事実認定と法的評価

　パワハラ事案の事実認定においては、パワハラ的言動を直接裏付けるような客観的な証拠は存在しないことが多く、第三者供述が重要な証拠となることが多いです。

　特に、加害者が被害者の申告内容を否認している場合、被害者供述と加害者供述が全く異なることになりますので、第三者供述がどちらの供述を裏付けているかによって、事実認定の内容が変わってくることになります。

　本事例においては、営業部会議でYがXに対して行った言動につき、他の営業職社員がどのような供述をしているかを踏まえて、Yの言動の有無、内容を特定し、事実認定を行います。

　Yの言動につき、事実認定をしたら、当該言動がパワハラに該当するか否かの法的評価を行うことになります。

　Xの被害申告どおり（本事例として記載したとおり）の言動が認定できたのであれば、Yの言動はパワハラに該当するということになると思います。

　一方、「なんだこの営業成績は！」「お前だけ断トツに数字が低い」と述べたことまでは認められるものの、「うちの会社には不要だ」「辞めてしまえ」と述べたことまでは認められない、というような場合は（言い方が不適切だとはいえても）パワハラとまでは認められないという評価になると思います。

　この際、机をどのような態様で何回くらい叩いていたかという事実によっても評価が変わってきますので、1つ1つの事実を丁寧に拾って、法的評価をして下さい。

⑧　加害者の処分と再発防止の検討

　加害者の処分と再発防止策については、基本的にセクハラと同様になりますので、上記2⑵⑦（127頁）を参照下さい。

一点、付記しておきます。

　パワハラが起こってしまうのは、加害者個人の特性による場合もあるのですが、当該企業の社風・体質に起因していることも多いです。

　例えば、経営トップがすぐに怒鳴ったり、指示指導の出し方が威圧的だったりする場合、社内における業務指示の出し方全体が同じような荒っぽいものになっていることがあります。業界によって傾向が異なることもありますが、そのような企業の社風・体質にも原因があってパワハラが発生したといえる場合もあります。

　そのような場合、パワハラ的言動を問題とされた加害者1人の処分をしたとしても、また同様のパワハラが起こってしまうことになります。

　そのため、パワハラ調査で再発防止策を検討する際には、当該企業における指揮命令系統の実態などの背景事情も確認する必要があるのですが、そうなってくると社内の人員だけで調査を行うことには限界があります。

　当該企業の従業員であれば、その人も会社の社風・体質に慣れてしまっていますので、社風・体質に問題があるということに気付けないことも多く、仮に気付いていたとしても、社風・体質に問題があるというのは、経営陣に問題があることを指摘することに繋がりますので、雇用されている従業員がそこに踏み込むのは至難の業です。

　したがって、筆者としては、特にパワハラの調査に関しては、調査を外部に委託するとか、外部の専門家を社内調査チームに入れた方が、真相解明や有効な再発防止策の策定に繋がりやすいものと考えています。

第2　カネに関する不祥事

1　金銭の不正取得の種類

金銭に関する不正行為は様々な形態があります。

(1)　横領

横領は、預かり保管しているお金をそのまま自らの金銭として取得してしまうような類型の不正行為であり、従業員が企業から使途を特定して金銭を預かった際に、実際には使用していない金額について使用したように報告する等して差額を着服するケースや、経理担当者の立場を利用して企業の預金口座からお金を引き出した際にそのまま一部の金銭を取得してしまうようなケースが典型例となります。

経営陣による大掛かりな横領としては、企業の簿外口座（会計帳簿に載せていない口座）を作り、取引先からの売上金を直接簿外口座に送金させて、それを自らのものにするようなケースもあり、このような事案の場合は、着服額が何千万円にも及んでいることがあります。

金銭の着服は、業務上横領罪（刑法253条）等の刑事犯罪が成立する可能性もあり、非常に悪質性の高い不正行為になります。

横領が行われた場合、使用されていないはずの金銭が使用されたことになっていたり、取引先は支払いをしたはずなのに当該企業の会計上は支払いを受けていないことになっていたりしますので、辻褄が合わず、不正行為を行った者は辻褄を合わせるために資料を偽造したり、別のところで不正を働いて金銭の穴埋めをしてその場を取り繕うということを繰り返していることがあります。

そのため、担当者が交代したときに数字が合わないことが発覚したり、外部からの調査が入ったときに不明朗なお金の流れが発覚したりすること

が多いです。

(2) 接待交際費等の不正受給

接待交際費等の不正受給としては、私的な飲食費の領収証を企業に提出して接待交際費であるとして金銭を受給したり、領収証を偽造して実際には使用していない金銭について企業から受給したりするようなケースが典型例となります。

この類型の不正行為は、企業に虚偽の情報を信じさせて金銭を取得しますので、詐欺罪（刑法246条）が成立する可能性があります。

接待交際費の不正受給は、領収証の提出を受けた経理担当者が領収証の日付と本人の業務上のスケジュールに不一致があることに気付いたり、一緒に飲食に連れて行かれていた部下が内部通報をしたりすることによって発覚することがありますが、当該企業の経費精算の流れを熟知している従業員が、その抜け穴をついて不正受給を実行しているため、企業がすぐに不正に気付くのは難しい類型でもあります。

(3) キックバックの不正取得

キックバックの不正取得は、本書第2章の章末に記載した架空事例のように、企業の担当者が取引先と結託し、実際に必要な業務委託費よりも嵩増しした金額で取引先から請求書を発行してもらい、企業が取引先に請求書記載の金額を支払った後に、担当者が取引先から金銭を受け取るようなケースが典型例です。

この類型も、企業に対して虚偽の情報を信じさせて嵩増しした金銭を取引先に支払わせていることから、取引先との共謀により、当該担当者に詐欺罪（刑法246条）が成立する可能性があり、また、担当者の立場を利用して、自らまたは取引先の利益を図るために勤務先企業に損失を発生させていることから、背任罪（刑法247条）が成立する可能性もあります。

キックバックの不正受給も企業にとっては容易には気付けない類型の不正行為ですが、担当者が贔屓にしている取引先に悪い噂が立っていること

から調査が入ったり、担当者が分不相応な金銭の使い方をしていることを不審に思って不正を疑ったり、あるいは、取引先に支払っている報酬額が同業他社の報酬額よりも高額であることが分かって、不正を疑ったりすること等から発覚することがあります。

　その他、金銭に関する不正行為としては、交通費の不正受給やカラ出張等、様々な類型がありますが、いずれも横領罪、詐欺罪、窃盗罪、背任罪等の犯罪に該当する可能性があり、悪質性の高い不祥事であるといえるでしょう。

2　調査のポイント（横領事案）

　A社は、植物のリース業を運営しており、全国各地の企業や学校、病院等に植物をリースしているが、植物はメンテナンスが必要であるため、地域ごとに営業担当者を統括しているマネージャー職の従業員が現地で日雇アルバイトを採用し、各取引先に行かせて植物のメンテナンスを実施している。

　A社では、アルバイトの採用や賃金の支払に関しては、マネージャー職の従業員に任せており、一定の金銭をマネージャー職に預けたうえ、実際に使用したアルバイトの賃金を支払った後、残金をA社に返金する形で清算していた。

　A社のマネージャー職であるXは、A社に対し、実際に使用したアルバイトの人数や労働時間数を嵩増しして虚偽の報告を行い、差額を着服したうえで残額をA社に返金することを繰り返していたが、他の地域と比較してアルバイトの人件費が高額であることを不審に思った経理担当者がX担当のアルバイトのシフト表等を調べていたところ、Xが虚偽の報告をしていたことが発覚した。

① 社内調査チームの発足

本事例のように、従業員が虚偽の報告をするなどして、金銭の横領をしていることが疑われた場合、速やかに社内調査チームを発足し、本人に調査をしていることを気付かれる前に証拠資料を収集する必要があります。

社内調査チームのメンバーには、社内のお金の流れや決裁システムに精通した経理の従業員にも入ってもらう方が的確な調査ができるでしょう。

② お金の流れと根拠資料の洗い出し

横領が疑われる場合、まずはお金の流れとその根拠資料を徹底的に洗い出します。

A社からXにいつ、いくらのお金が預けられ、その預け金がいつ、いくら戻ってきたのか。差額はアルバイトの人件費として使われたはずですが、アルバイトとの間で時給何円の雇用契約を締結し、何年何月何日、どの取引先に何人のアルバイトが植物のメンテナンス業務を遂行しに行き、何時間勤務したのか…。

通常、アルバイトを使用したのであれば、当該アルバイト従業員に賃金を支給したときの記録が残っているはずですし、マネージャー職が預り金をA社に返金する際に使途の根拠資料としてアルバイトの賃金に関する領収証ないしは支払明細書を添付しているはずです。

仮に領収証や支払明細書の添付無しに、マネージャー職の申告のみに基づいて清算をしている場合であっても、アルバイトにいくら支払ったかの資料が全く存在しないということは考え難いです。

また、何人のアルバイトがどの取引先で業務に従事したかという点についても、現地でそれらの情報を把握・管理するためにシフト表等の資料が作成されているはずですので、これらの資料を収集して突き合わせ、Xの虚偽報告の裏付けを固めていきます。

企業で管理している資料だけでなく、XのPCも調査し、保存されているデータを確認して証拠資料がないかどうかを調べるべきでしょう。

③　本人に対する自宅待機命令発出の検討

　横領等の金銭に関する不正が疑われる場合、調査をしていることを本人に察知されると、証拠を隠滅される危険性があることから、調査が終了するまで本人に自宅待機命令を出すことがあります。

　一方、自宅待機命令を出したことによって、本人が調査対象となっていることに気付き、多額の横領をしている事案などでは本人が逃亡してしまうというケースもありますので、調査を迅速・的確に進めるにあたって、自宅待機命令を出すか否か、出すとすればどのタイミングかということにつき、検討する必要があります。

④　本人のヒアリング

　資料の収集・精査が終わって、横領の裏付けが取れたら、本人を呼び出してヒアリングを実施します。

　ヒアリングの際の一般的留意事項については、第2章「第4　調査方法」（59頁）のとおりです。その中でも特に「5　ヒアリングのポイント」（68頁）を押さえて実施して下さい。

　本人のヒアリングは、本人が調査されていることに気付いていない状態で実施するのがベストではありますが、自宅待機命令を出している場合を含め、本人が調査されていることに気づいており、ヒアリングに対する準備を行っていることもあります。

　収集した資料によって横領の裏付けが取れている場合には、本人にしっかりと不正の存在を突き付けられるようにヒアリングの準備をしておくべきですし、収集した資料だけからは横領の存在が明確とまではいえない場合には、本人のヒアリングによって横領の有無が確認できるように準備をしておく必要があります。

　本書第2章の章末にキックバックの不正受給の事案に関するヒアリング事項の作成例を記載しましたが、それと同様、まずは本人が話しやすい事項から聞いていき、タイミングを見計らって裏付け資料を示すなどして供

述を引き出していくことになります。

　横領の裏付け資料が充分に収集できている場合は、本人も横領の事実を認めることが多いと思います。

　本人が横領の事実を認めた場合には、裏付け資料が収集できていない期間についてのことや、他に関与者がいないか等、幅広く話を聞いていって事案の全容を把握していきます。

⑤　本人の処分・損害賠償請求・刑事告訴の検討

　社内調査チームが横領の事実を明らかにした場合、A社としては、Xの処分を検討することになります。

　金銭の横領は、A社に直接の金銭的損害を発生させるものであり、また、故意に実行した不正行為になりますので、規律違反の程度は重大といえ、重い懲戒処分が科されることになるでしょう[20]。

　また、Xの行為は、A社に対する不法行為（民法 709 条）を構成しますので、A社としては、Xに対し、損害賠償を請求することが可能であり、少なくとも、Xの横領行為とA社の損害につき、明確に証拠がある部分については、Xに対して損害賠償を求めることが多いと思います。

　さらに、Xの行為は業務上横領罪（刑法 253 条）に該当しえますので、刑事告訴するかどうかということも検討対象となります。

　筆者が取り扱った横領事案では、本人から損害賠償を受けられたことを理由に刑事告訴しなかったケースもありましたが、刑事告訴して警察の捜査が入ったケースもありました。

　この点は、会社が従業員の横領の事実を公にしてもいいかどうか、本人の反省の程度、本人の今後のキャリアをどう考えるか、損害賠償の有無、

20）横領等の金銭に関する不正行為は、本人に対する上司の管理がずさんなことに原因の一旦があることもあり、事案によっては上司に対する懲戒処分を検討することもあります。

事案の重大性、被害感情等、諸々の事情を考慮して決定することになります。

⑥　再発防止策の検討

　本事例のような不正が発生している場合、「うちの会社に限ってそんな不正を働く従業員はいないだろう」という慢心や、業務効率を優先するために手間を省きたいという現場の要請から、金銭の使途等に関する資料の提出義務が甘く設定されていることが多いです。

　従業員からの報告書や従業員が作成した出金伝票のみで会計処理を行っている場合、従業員側からしても、「数字の記載を誤魔化せば金銭を着服できるのではないか…」という誘惑に駆られてしまいますので、金銭の出入りと使途の根拠に関する資料は厳密なものを提出させるべきでしょう。

　本事例でいえば、日雇アルバイトに支払った賃金額について虚偽報告がなされていますので、以後、預け金を清算する際に、アルバイトの賃金の領収証や支払明細書を必ず添付させ、預けた金額と使った金額の差額（清算金額）が明確になるような運用にするべきです。

　また、1人の者にお金の管理を任せると、ブラックボックスになってしまって不正が起こりやすくなってしまいますので、預け金の金額とアルバイトに支払った賃金額について、毎回、別の者がチェックするような仕組みにしておくことが有効であると考えられます。

　金銭については、故意ではなくても、過失によって誤りが発生することもあります。例えば、アルバイトに支払った賃金の明細が1枚抜けていたことによって清算金額が誤った金額になってしまった等ということは容易に起こり得ます。

　そのため、アルバイトのシフト表等の情報を一元化し、日ごとに各取引先で何人のアルバイトが業務に従事したかが分かるような一覧表等を作成して、清算時に申告のあったアルバイトの賃金額と一致するかを定期的に確認する作業を行う等により、適切な会計処理がなされているかをチェックするとよいでしょう。

第1章第4　2（27頁）でも述べたとおり、予防プリンシプル①においては、「コンプライアンスに係る制度やその運用状況はもとより、自社の企業風土や社内各層への意識の浸透度合い等を正確に把握することにより、自社の弱点や不祥事の兆候を認識する」ことが必要であり、「その際、現状のコンプライアンス体制が問題なく運用されているとの思い込みを捨て、批判的に自己検証」すべきであると指摘されています。

　再発防止策を検討する際には、何が原因で不正が起こってしまったのか、その弱点を特定し、同じことが起こらないように、金銭の動きに関しては全ての記録を取る、従業員が人為的に確認することになるポイントでは二重チェックをする等の措置を講じましょう。

　このようなお金の流れに関する再発防止策と併せて、一般的な再発防止策として、不正に関する制裁（懲戒処分、損害賠償請求等）を厳格に行うことによって不正を抑止したり、従業員に対する研修等で不正に対する厳罰化を周知・啓発し、モラルの向上を図ったりすることなどが考えられます。

第3　モノに関する不祥事

1　モノに関する不祥事の種類

　モノに関する不祥事も様々な形態がありますが、代表的なものをご紹介します。

(1)　商品の横流し

　小売業や製造業の企業においては、しばしば商品の横流しが起こります。倉庫に多数の在庫がある場合や、展示場にサンプルの商品を複数用意している場合などに、従業員が少しずつ商品を自らの物とし、ネットオークションや質屋で転売して売却益を取得するようなケースが典型例ですが、物の横流しは業務上横領罪（刑法 253 条）や窃盗罪（刑法 235 条）に該当しうる悪質性の高い不祥事です。

　通常、企業は商品数を管理していると思いますので、事後的に商品数をチェックした際に数が足りないことに気付き、物の横流しが発覚することが多いですが、商品数や商品の保管場所への人の出入りに関する管理体制が甘かったり、商品数のチェックの頻度が少なかったりすると、データと比較して商品数が足りないことには気付いても、横流しが行われている事実にまでは辿り着けなかったり、誰が商品を抜き取ったのかが特定できなかったりすることもあります。

　商品の横流しが発生してしまった場合には、商品数や保管場所への人の出入りのチェック体制を強化することは当然ですが、企業の重要な財産である商品を横流しして企業に損害を与えることは重大な規律違反行為であると共に刑法犯にも該当しうることを周知徹底し、横流しをした従業員に対しては厳格な処分を行うべきでしょう。

⑵　異物混入

　異物混入もモノに関する不祥事です。

　異物混入は故意に行われることは少ないと思いますが、例えば、食品の製造過程で髪の毛や虫が混入していたという不祥事は頻繁に起こります。

　一度、異物混入が発見されると、消費者による同社の商品に対する信頼は著しく低下してしまい、顧客離れを招きかねませんので、異物混入が発覚した場合は、速やかに謝罪報道を行い、工場における衛生対策を徹底したうえで再発防止策についても速やかに公表する必要があるでしょう。

⑶　企業情報の持ち出し

ア　企業情報持ち出し行為の悪質性

　上記⑴⑵の他、モノに関する不祥事の中に「情報」に関する不祥事があります。

　企業が取り扱う情報には、製品製造に関するノウハウや顧客情報、従業員の個人情報等、様々なものがありますが、急速に拡大する情報化社会においては、一旦、情報が流出すると瞬く間に拡散してしまうことから、近時は情報に関する不祥事が非常に多く発生しています。

　システム上のエラーや人為的な過失から情報が大量に流出してしまう不祥事はニュースでもよく報道されていますが、悪質なものとしては、従業員が企業の製品情報や顧客情報を持ち出し、競合他社に情報を提供する見返りとして金品を受領するケースがあります。

　このケースについて見てみると、まず、従業員は、労働契約に付随して、企業の秘密情報につき、秘密保持義務を負っていますので、情報を外部に持ち出すことは秘密保持義務違反に該当します。

　また、製品情報や顧客情報は企業の重要な財産ですので、このような秘

密情報を外部に持ち出すこと自体、重大な秩序違反行為といえるばかりでなく、競合他社にこのような重要な情報が持ち込まれれば、製品製造において他社に出し抜かれたり、顧客を奪取されたりする可能性が出てくることを考えると、当該従業員の行為の背信性は極めて高いといえるでしょう。

　そのため、企業としては、このような事態が発生した場合には、当該従業員に厳格な処分を行うと共に、企業に損害が発生していれば、当該従業員に対して、労働契約における債務不履行（民法 415 条）または不法行為（同法 709 条）に基づき、損害賠償を請求することも検討しなければなりません。

イ　情報が持ち込まれた競合他社への対応

　一方、秘密情報を取得した競合他社について見ると、持ち込まれた情報が不正競争防止法上の「営業秘密」に該当する場合には、企業は、当該競合他社に対し、不正競争行為の差止（不正取得した情報の使用禁止、廃棄）請求や損害賠償請求を行うことが可能です（不正競争防止法 3 条ないし 5 条）。

　筆者もこの類型の事案の調査や訴訟を取り扱ったことがありますが、一旦、情報がデータとして流出してしまうと、いかに裁判所が情報の使用禁止や廃棄を命じたとしても、現実には、当該競合他社が不正取得した情報を隠し持つことは可能ですし、その隠し持っている情報をどのような場面で利用しているかということを特定するのはほぼ不可能です。

　そのため、裁判で勝訴したとしても、情報を持ち出されてしまった企業にとって痛手が残ることは否定できず、とにかく企業情報持ち出しの防止策に力を入れていくしかありません。

ウ　情報持ち出しの防止策

①　アクセス権限の厳格な運用

　企業の秘密情報に関し、機密性のレベルに応じて従業員ごとにアクセス権限を設定し、誰がどの情報にアクセスできるかというのを制限して管理する運用はよく見られます。

ここで注意するべきなのは、人事ローテーションです。

　一般に、人員配置を定期的にローテーションさせることは、不正の防止に繋がりやすいのですが、秘密情報の漏洩に関しては必ずしもそうとは言えません。

　人員配置を変更した場合、秘密情報保持の観点からは、その都度、アクセス権限の設定も変更する必要があるのですが、アクセス権限の変更設定が手間であることから、これを怠り、本来、重大な秘密情報にアクセスできないはずの従業員が以前のアクセス権限に基づいて秘密情報にアクセスできる状態になっていることがあるのです。

　このような運用をしていると、せっかくアクセス権限を設定していたことの意味が薄れてしまい、情報漏洩の穴が生まれてしまいますので、手間を惜しまず、アクセス権限の管理は厳格に運用すべきでしょう。

②　情報移動の制限

　アクセス権限を設定したとしても、正当にアクセス権限を有している従業員が秘密情報を持ち出してしまうこともありえます。

　これを防止するためには、秘密情報の保管場所から情報を移動することを制限しておく必要があります。

　秘密情報の複製制限、ローカル PC のハードディスクへのデータダウンロードの禁止、USB メモリへのデータ移動の禁止、秘密情報が記載された資料の回収等のルールを設けることによって、情報の持ち出しを困難にする措置が考えられます。

③　従業員の意識向上

　企業が上記①②のような措置を講じても、実際に情報管理につき厳格な運用がなされなかったり、意図的に情報を持ち出そうとする従業員がいたりする場合、情報漏洩を完全に防ぐということは困難ですので、従業員の秘密情報に対する意識を向上させておくことも重要です。

　例えば、従業員に対する研修等を実施して、秘密情報管理のルールを周知し、情報が漏洩した場合のリスクに関する意識を向上させると共に、経

営陣から従業員に対し、業務効率を犠牲にする部分があっても秘密情報を保持するために情報管理の運用を徹底することが重要であるというメッセージを発信する等のことを実施しておくべきでしょう。

　この他、情報に関する不祥事としては、近時、SNS の不適切な投稿に関する事例が多く見られますので、本項では、SNS の不適切利用に関する事例を使って調査のポイントを説明していきます。

2　調査のポイント（SNS 不適切利用の事案）

　A社は工務店を運営しているが、終業時刻後、事業所で残業していた従業員XとYは、業務終了後、酒を買ってきて事業所で飲み始めた。XとYは、酔った勢いで事業所の作業場に置いてあった電動ノコギリを使って、廃棄予定の木材を切って遊ぶ等していたが、Xが酒を横に置いて電動ノコギリで木材を切っている様子をYが動画撮影し、Xは自分の SNS にその動画を投稿した。

　Xが投稿した動画には、A社の看板が映りこんでしまっており、拡散した動画を見たネットユーザーから「危険な行為である」「A社の管理不行届きだ」といった非難が殺到した。A社に対しても取引先や一般消費者から非難やクレームの連絡が入るようになり、A社は、ホームページにおいて謝罪の文章を掲示する事態となった。

①　社内調査チームの発足

　本事例では、XとYが酒を飲み、動画撮影をしたのは業務終了後のことですので、私生活上の行為であるようにも思えますが、XとYが、A社の事業所において、A社の備品である電動ノコギリと木材を使用していることからすると、業務に関連する規律違反行為であるといえるでしょう。

　また、動画投稿はX個人の SNS アカウントでなされているため、本来、

動画投稿自体は私生活上の行為となりますが、本事例ではA社にまでクレームが入ってきており、A社が謝罪する事態にまでなっていることから、Xの動画投稿は、A社の業務を妨害し、信用を毀損する行為に該当するといえます。

　そのため、A社としては、クレームが入ってきて、Xが投稿した動画の内容を確認した時点で速やかに社内調査チームを発足し、調査を開始すべきです。

図表24　SNSへの不適切投稿

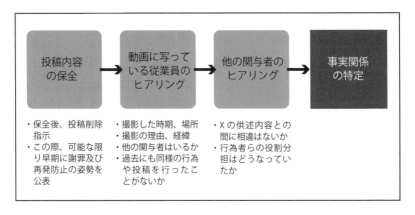

- 投稿内容の保全
  - ・保全後、投稿削除指示
  - ・この際、可能な限り早期に謝罪及び再発防止の姿勢を公表
- 動画に写っている従業員のヒアリング
  - ・撮影した時期、場所
  - ・撮影の理由、経緯
  - ・他の関与者はいるか
  - ・過去にも同様の行為や投稿を行ったことがないか
- 他の関与者のヒアリング
  - ・Xの供述内容との間に相違はないか
  - ・行為者らの役割分担はどうなっていたか
- 事実関係の特定

②　証拠の保全

　調査を進め、X、Yに適切な処分を行ったり、再発防止策を策定したりするためには、投稿された動画を証拠として保存しておく必要があります。
　本事例でも、Xが投稿を削除する前に、Xのアカウント内に動画が投稿されている様子を記録すべきです。また、Xのアカウント内の様子を記録できなくても、拡散された動画のデータ自体は探し出して保存して下さい。

　そして、証拠を保全したら、すぐにXに対して、投稿の削除を指示します。個人のSNSアカウントの投稿ですので、企業が業務命令として投稿の削除命令を出せるのかという点が問題となりますが、動画投稿によってA社にクレームが入り、A社の業務が妨害され、信用が毀損されている以上、

業務命令として投稿削除を指示することは業務上必要な行為であるといえるでしょう。

③　動画に映っている従業員のヒアリング

本事例では、動画内容を確認すれば、問題となっている行為を行ったのはXであることが明確ですので、すぐにXのヒアリングを実施します。

ヒアリングにおいては、動画撮影をした日時、誰がXの行為を撮影していたのか、撮影者以外に関与した者はいるか、動画撮影をした理由、動画を投稿した理由等、詳細な事情を聞き取っていきます。

また、A社のリスクを正確に把握し、行為者に適切な処分を行うためには、過去にも事業所で同様の行為を行ったことがないか、A社と関連する動画を投稿したことがないか等、過去の事情についても確認しておく必要があるでしょう。

④　他の関与者のヒアリング

Xのヒアリングによって、Yが関与していることが分かったら、次にYのヒアリングを実施します。

Yのヒアリングにおいても、Xのヒアリングと同様のことを聞き取り、Xの供述とYの供述に矛盾や不一致がないかを確認したうえで、今回の行為の経緯や動機、XとYの役割分担の内容等を明確にしていきます。

⑤　対外的な情報発信

事実関係を確認したら、A社としては、なるべく早期に、企業としての謝罪の文言や再発防止に取り組む意向を対外的に発信すべきです。

本事例では、A社がホームページ上で謝罪するに至ったとされていますが、そのタイミングで、謝罪と同時に再発防止に取り組む意向を明示し、事態を収束させる方向に向かわせることが重要です。

本格的な再発防止策を設けるには多少の時間を要することも考えられますが、一旦発信された情報はものすごいスピードで拡散されてしまいま

すので、練った再発防止策を設けるまで対外的な情報発信を待つというのは得策ではありません。「再発防止に向けて従業員に周知徹底を図ります」といった簡易な内容でもいいので、再発防止に取り組む意向と謝罪の文言を速やかに公表すべきでしょう。

⑥ 行為者の処分

事実関係を特定したら、行為者の処分を検討します。

本事例では、酒を飲みながら電動ノコギリで木材を削るという危険な行為を行ったばかりか、その様子を撮影してSNSに投稿した結果、Xの行為の内容がA社の取引先にまで知られる事態となっており、A社の信用の低下は著しいといえます。

一方、A社は、XとYが業務終了後に事業所で酒を飲み、電動ノコギリという危険な道具を安易に使用できる状態にしており、事業所や備品に関する管理が甘かったことも否定できませんので、企業の落ち度も考慮したうえで処分を決めることになります。

また、今回の行為に至った経緯を検討する際には、XとYの職務上の関係性についても留意が必要です。仮にYがXの上司である場合には、Yの責任はより重くなる一方、YがXの部下で、Xに強引に誘われて今回の行為に及んだとすれば、Yには酌むべき事情があるといえるでしょう。

⑦ 再発防止策

本事例における再発防止策は2つの観点から検討していく必要があります。

1つ目の観点は、業務終了後に従業員が事業所で酒を飲み、A社の備品である電動ノコギリを扱った点についてです。

この点については、業務終了後の事業所の私的利用についてのルールを定め、企業が許可した場合以外、飲酒は禁止とすべきでしょう。

備品についても、電動ノコギリ等、危険な備品については、鍵付きの収納に入れて管理者を決める等し、従業員が安易に使用できない状態にすべきです。

　併せて、社内の規律保持に関する従業員の意識向上のため、事業所や備品利用についてのルールを再確認し、厳格に運用するよう周知徹底しましょう。

　2つ目の観点は、SNS利用についてです。

　企業のSNSアカウントについては利用規則を設けていることが多いと思いますが、本事例のような不祥事が発生したとすれば、従業員個人のSNSアカウントの利用規則の策定についても検討する必要が出てきます。

　「個人のSNSアカウントの利用に際しては、企業に関する情報を投稿してはならない」等のルールであれば、私的領域に対する制限とはいえ、業務上必要な制限として許容されるでしょう。

　また、既に個人のアカウントも含めSNS利用のルールがあったにも関わらず、本事例のような不祥事が発生してしまった場合には、社内ルールの周知が不足しているということになりますので、改めて社内ルールを従業員に対して周知徹底し、SNS不適切利用による企業のリスクについて従業員に指導、教育を行っていくべきです。

おわりに

　本書冒頭で述べたとおり、常に忘れてはならないのは、「不祥事は常に起こる可能性があるものだ」ということです。

　対応プリンシプルでも指摘されているように、企業は、不祥事またはその疑いを察知した場合には調査を行い、事実関係や原因を解明して再発防止を図ることを通じて、自浄作用を発揮する必要があるのですが、これらを実施し、適切に自浄作用を発揮させている限りは、従業員の不祥事によって大きく足をすくわれる事態には陥りません。

　そして、そのような健全なサイクルを作るためには、企業が自社内において、問題を早期に察知できる体制、問題の調査を遂行できる体制、問題の是正・再発防止ができる体制を整備しておく必要があるのです。

　その際、弁護士や会計士といった専門家をうまく活用することで調査が迅速・的確なものになってきますので、問題を察知した時点ですぐに相談できる専門家を見つけておくとよいでしょう。

　読者の皆様が所属している企業や関係している企業が、自浄作用を発揮して健全性を保ち、発展性のある企業で在り続けることに本書が役立てば幸いです。

著者プロフィール

瓦林　道広（かわらばやし　みちひろ）

＜略歴＞
2008 年　福岡大学法科大学院修了
2009 年　弁護士登録（第一東京弁護士会、62 期）
2009 年　奥川法律事務所に入所
2013 年　東京銀座法律事務所にパートナーとして入所
2018 年　野中・瓦林法律事務所開設
現在　　第一東京弁護士会　労働法制委員会労働契約法部会副部会長
　　　　東京三会労働訴訟等協議会委員
　　　　日本 CSR 普及協会運営委員

＜主要業務等＞
中小企業の労務問題、契約問題等。労務問題においては、企業の労務管理全般に
関する法律相談や社員研修、従業員の不祥事に関する調査案件対応、個別労働紛
争に関する交渉・労働審判・訴訟対応等を手掛けている。

＜主な著書＞
『改正労働契約法の詳解』（労働調査会：共著　2013 年）
『決定版！問題社員対応マニュアル』（労働調査会：共著　2015 年）
『チェックリストで分かる　有期・パート・派遣社員の法律実務』（労務行政：共
著　2016 年）
『民法を中心とする人事六法入門』（労働新聞社：共著　2016 年）
『変化する雇用社会における人事権〜配転、出向、降格、懲戒処分等の現代的再
考〜』（労働開発研究会：編者　2017 年）
『医療・介護をめぐる労務相談』（新日本法規：編者　2019 年）
『企業労働法実務入門―はじめての人事労務担当者からエキスパートへ』（企業人
事労務研究会：共著　2019 年）
『労働時間・休日・休暇・休業トラブル　予防・対応の実務と書式』（新日本法規：
共編　2020 年）等

不祥事発生！
中小企業向け　社内調査の進め方

2021 年 6 月 7 日　初版

著　　　者　　弁護士　瓦林　道広

発 行 所　　株式会社労働新聞社
　　　　　　　〒 173-0022　東京都板橋区仲町 29-9
　　　　　　　TEL：03-5926-6888（出版）　03-3956-3151（代表）
　　　　　　　FAX：03-5926-3180（出版）　03-3956-1611（代表）
　　　　　　　https://www.rodo.co.jp　　pub@rodo.co.jp
表　　　紙　　オムロプリント株式会社
印　　　刷　　モリモト印刷株式会社

ISBN 978-4-89761-860-9